宋朝的那些科学家

曲相奎◎著

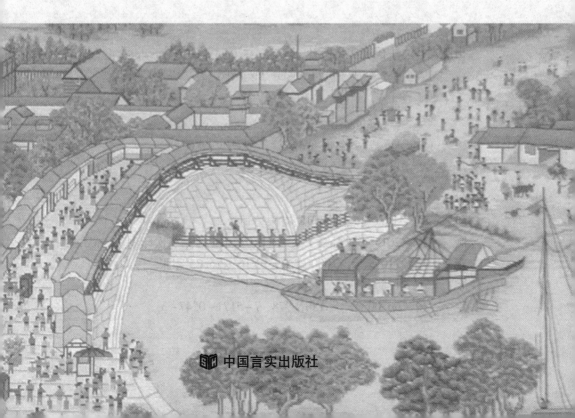

中国言实出版社

图书在版编目（CIP）数据

宋朝的那些科学家／曲相奎著. —北京：中国
言实出版社，2014.5
ISBN 978-7-5171-0547-3

I.①宋… II.①曲… III.①科学家–列传–中
国–宋代 IV.①K826.1

中国版本图书馆 CIP 数据核字（2014）第 083106 号

责任编辑：郭江妮

出版发行 中国言实出版社
　　地　址：北京市朝阳区北苑路 180 号加利大厦 5 号楼 105 室
　　邮　编：100101
　　编辑部：北京市西城区百万庄大街甲 16 号五层
　　邮　编：100037
　　电　话：64924853（总编室）　64924716（发行部）
　　网　址：www.zgyscbs.cn
　　E-mail：zgyscbs@263.net
经　销 新华书店
印　刷 北京毅峰迅捷印刷有限公司
版　次 2015 年 4 月第 1 版　2024 年 1 月第 3 次印刷
规　格 710 毫米×1000 毫米　1/16　16.25 印张
字　数 175 千字
定　价 56.00 元　　ISBN 978-7-5171-0547-3

前　言

大凡提及古代中国，几乎都以汉唐称之。汉族的由来，因为强大的汉朝；唐装的盛行，因为盛世的大唐。的确，这两个朝代国力强盛，文化发达，许多外族都臣服于两朝之下。然而，宋朝承接唐朝，它的文化丝毫不亚于唐朝，许多方面甚至超过了唐朝。

公元960年，后周大将赵匡胤发动陈桥驿兵变，黄袍加身，几乎兵不血刃就取得了半个天下。赵匡胤出身官宦，作为一国大将，他深知前几朝之所以更迭频繁，中原内乱不止的症结。他认为在这段混乱的时期中，地方割据藩镇将军兵权太重，武人藐视文人，礼乐崩坏。所以，当他统一各个地方势力后，就来了个"杯酒释兵权"，制定重文轻武的国策。

宋朝结束了五代十国的分裂局面，这在实质上更有利于各地区之间政治、经济、文化的交流，大大促进了科学技术事业的发展。同时，随着宋朝商品经济的发展，为科学技术的发展也创造了很多条件。而宋朝各民族融合进一步加强的结果，就是各族人民共同创造了灿烂的科学文化。这就为宋朝科学家在总结并继承了前人的科学研究成果，进一步发展科学技术创造了极为有利的条件。

此外，越匡胤还要求其子孙永远不得杀害文人，这使得文人的地位在宋朝得到了空前提升，重文轻武的风气在宋朝达到了极致，著名的"好男不当兵"、"唯有读书高"就是出在宋朝，真正实现了"学而优则仕"。在理学兴起、宗教势力退潮、言论控制降低、市民文化兴起、商品经济繁荣与印刷术的发明等一系列背景下，宋朝优秀文人辈出，知识分子自觉意识空前觉醒。社会上弥漫尊师重教之风气，政治比较开明廉洁，科技发展突飞猛进。

英国研究中国科技史的专家李约瑟曾说："每当人们在中国文献中查考任何一种具体的科技史料时，往往发现它的主要优点就在宋朝。"

宋朝科学技术无疑居于当时世界的最前列。两宋时代在科学技术方面所取得的成就之大、之高，在中国历史上是罕有的。震惊世界的三大发明——火药、活字印刷和指南针，就诞生于这一时期。正如国内外许多著名史家指出的，这三大发明改变了整个世界文明的发展进程。除此之外，中国人在许多方面也取得了成功，兴修水利，实施水稻的双季栽植；茶叶种植面积扩大；棉花成为普及性农作物；算盘开始应用，从此成为东亚商人的主要计算工具；火药的发明又推动了火箭、突火枪、火炮、地雷、火毯等兵器的革命。

宋朝科技的发展在世界历史上留下了五彩斑斓的一页，同时也为我们留下了宝贵的遗产。回眸宋朝科技的发展，虽然曾经的灿烂辉煌是国人的骄傲，但努力培养和弘扬科学，学习求真务实、开拓创新的科学精神也是我们现代人的当务之急。

目　录

第一章

毕升——活字印刷鼻祖

毕升本是一个印刷铺的工人，但他在工作中踏实敬业、善于观察、勇于创新，发明了胶泥活字印刷术。活字印刷术的发明是印刷史上一次伟大的技术革命，它有力地推动了人类文明历史发展的进程。

雕版印刷的形成和演变

远古的"书"，最早刻写在龟甲牛骨上，后发展到刻写到竹简上。毛笔和墨的发明，使得读书人不仅能读书还能书写，不必像刀笔时代那样需要一个刻写匠随时侍候，而且能让人更方便更及时地记录自己的思想。春秋以前，我国历史上虽然不乏大政治家、大思想家，但没有一人亲自著书，原因就在这里。

秦朝蒙恬发明用石灰水浸毛而去除毛表面的斥水物质的方法，促使毛笔的制作技术最终定型，毛笔才真正成为书写工具。至此，古人找到了书写流利、省时省力的书写方法，使书写不再是一件苦差事，人们闲暇之余写上几笔，并且力图写得漂亮，甚至互相比试以搏一笑，这样也就开创了书法艺术的先河。秦朝的李斯是有史以来第一位大书法家，说明了笔墨技术在秦朝日趋成熟。

汉字结构复杂，每个人写的字都会有所不同，有的秀丽美观，有的粗鄙丑陋，这就促使人们把书法当作是一种艺术来追求，而提高书法技能的重要途径就是模仿好的书法作品，但是写字好的人，一般都是书吏之类，其大部分作品一般是政府公文，一般人很难见到。古代盛行石碑刻文，找写字好的人写成底文再由石匠刻出，是人们练习写字的最好模本。石碑笨重，不能带回家中继续模仿。

西汉晚期已出现纸张，但那时的纸张纤维粗糙，着墨性能差，主要是代替布用作包裹、衬垫之物，也有偶而在包装纸上写字记事的现象，如悬泉（或者是居延）遗址发现写有药名的纸张。造纸技术先是借鉴我国早已成熟的缫丝技术，把纤维物质浸于水中捣碎以分散纤维，将碎纤维捞出摊晾而成，纤维粗、纸质厚，书写性能差，未能广泛用作书写材料。东汉和帝时的蔡伦改革造纸法，制出薄而均匀、纤维细密的新型纸，大大提高了纸的书写性能，纸的主要用途才被转向书写。纸张薄而软，使得书法练习者们想出仿照印章盖印拓印碑文方法，带回家模仿，即拓片方式。

纸的发明，使拓印成为可能，使每个书吏都能练就一手好字，也造就了三国及晋代大批书法家的出现。西文字母文字结构简单、字母数量少而且用硬笔书写，可以写得很花哨，但无艺术可言。人们写好几十个字母后，就可以大量写字，没有拓片模仿他人字迹的需求，纸能写字就行了，没有对造纸术的需求，所以西方人没有发明造纸术的社会基础。隋炀帝创建科举制度，用写文章的办法选拔官员，写得一手好文章的人就能当官。

　　毛笔与墨发明后，人们可轻易把"书"写到任何材料、任何地方。但墨书不易保管，而且不易复制。受青铜器铭文的启发，人们把书籍内容写在木板上，雕刻出可以用于印刷的木版。到东汉末年的熹平年间（172－178年），出现了摹印和拓印石碑的方法。

　　随着经济文化的发展，读书的人多起来了，对书籍的需要量也大大增加了。晋朝初年，官府有书接近三万卷。南北朝时候梁元帝在江陵有书籍七万多卷。隋朝嘉则殿中藏书有三十七万卷，这是我国古代国家图书馆最高的藏书记录。除了官府藏书，私人藏书也越来越多。比如晋朝郭太，有书五千卷；张华搬家的时候，单是搬运书籍，就用了三十辆车子。印刷术发明以前，只有官府和郭太、张华那样的富人才能有这么多的藏书，一般人要得到一两本书也很不容易，因为那时的书都是手抄本。

　　读书人大增，儒家典籍就得以广泛流传。尤其是南朝时期寺院林立，僧侣众多，无休止地抄写佛经，使人们迫切需求一种快速复制图文的方法，这就激发了印刷术的发明。雕版印刷术始于隋朝的雕版印刷。在隋末唐初，由于大规模的农民大起义平息，推动了社会生产的发展，文化事业也跟着繁荣起来，客观上产生了雕版印刷的迫切需要。

　　顾名思义，印刷术的"印"字，本身就含有印章和印刷两种意思；"刷"字，是拓碑施墨这道工序的名称。从印刷术的命名中已经透露出它跟印章、拓碑的血缘关系。印章和拓碑是活字印刷术的两个渊源。印章的面积本来很小，只能容纳姓名或官爵等几个文字。东晋时期，道教兴起。道教的一派注重符箓。他们在桃木枣木上刻文字较长的符咒，从而扩大了印章的面积。据晋代葛洪的《抱朴子》一书中记载，道家有一种刻着 120 个字的复印。可见当时已经能够用盖印的方法复制一篇短文了。这实际上就是雕版印刷术的先驱。

拓碑是印刷术的另一个渊源，汉武帝"罢黜百家，独尊儒术"。但当时儒家典籍全凭经师口授，学生笔录。因此，不同的经师传授同一典籍也难免会有差异。汉灵帝熹平四年（175 年），政府立石将重要的儒家经典全部刻在上面，作为校正经书的标准本。为了免除从石刻上抄录经书的劳动，大约在 4 世纪左右，人们发明了拓碑的方法。拓碑的方法很简便。把一张坚韧的薄纸浸湿后敷在石碑上，再蒙上一张吸水的厚纸，用毛刷轻敲，到纸陷入碑上刻字的凹穴时为止，然后揭去外面的厚纸，用棉絮或丝絮拍子，蘸着墨汁，轻轻地均匀地往薄纸上刷拍，等薄纸干后揭下来，便是白字黑底的拓本。

这种拓碑的方法，跟雕版印刷的性质相同，所不同的是，碑帖的文字是内凹的阴文，而雕版印刷的文字是外凸的阳文。石碑上的文字是阴文正写。拓碑提供了从阴文正字取得正写文字的复制技术。后来，人们又把石碑上的文字刻在木板上，再从而传拓。唐代大诗人杜甫在诗中曾说："峄山之碑野火焚，枣木传刻肥失真"。这种雕版印刷已经所差无几了。在唐代，印章与拓碑两种方法逐渐发展合流，从而出现了雕版印刷术。

唐穆宗长庆四年（825 年），诗人元稹为白居易《长庆集》作序，说到当时扬州和越州一带处处有人将白居易和他自己的诗"缮写模勒"，在街上售卖或用来换茶酒。"模勒"就是雕刻的意思。这是现存文献中有关雕版印刷术的最早记载。唐文宗开成元年（836 年）唐文宗根据东川节度使冯宿的报告，下令禁止各道私置日历版。冯宿在他的报告中说："每年中央司天台还没奏请颁布新历书的时候，民间私印的历书已飞满天下。"可见当时民间从事雕版印刷业的人是很多的。

1900 年，在甘肃敦煌县千佛洞发现的藏书中有一卷雕版印刷的《金刚经》，其末尾题着"咸通九年四月十五日王玠为二亲敬造"一行字。这是目前世界上发现的有确切日期的最早的印刷品。这册书的形式是卷子，长约 1 丈 6 尺，由七个印张粘接而成。最前面是一幅扉画，画的是释迦牟尼在舍卫国"祇树给孤独园"（又名"祇园精舍"）说法的情景。其余印的是《金刚经》全文。这个卷子图文都非常精美，雕刻的刀法细腻，浑朴凝重，说明当时刊刻印刷的技术都达到了相当纯熟的程度。

雕版印刷的版料，一般选用纹质细密坚实的木材，如枣木、梨木等。先把木头锯成一块一块大小一样的板子，使之平滑，把要印的字写在薄纸上，反贴在木板上，再根据每个字的笔划，用刀一笔一笔雕刻成阳文，使每个字的笔划突出在板上。木板雕好以后，就可以印书了。印书的时候，先用一把刷子蘸了墨，在凸起的字体上涂上墨汁，然后把纸覆在它的上面，另外拿一把干净的刷子在纸背上轻轻刷一下，轻轻拂拭纸背，字迹就留在纸上了。把纸拿下来，一页书就印好了。揭下来，纸上就有了白底黑字。一本书的字数自然是相当多的，所雕的板也不止一块，每一块都照这种方法刷印成文。全部印刷工作完毕，一页一页地装订起来，一本书也就成功了。这种印刷方法，是在木板上雕好字再印的，所以大家称它为"雕版印刷"。

说起印制书籍，雕版印刷的确是一个伟大的创造。一种书，只雕一回木板，就可以印很多部，比用手写不知要快多少倍了。

可是用这种方法，印一种书就得雕一回木板，费的人工仍旧很多，无法迅速地、大量地印刷书籍，有些书字数很多，常常要雕好多年才能雕好，万一这部书印了一次不再重印，那么，雕得好好的木板就完全没用了，而且雕版既笨重费力又耗料耗时，不仅存放不便，有错字又不易更正。

早期印刷活动主要在民间进行，多用于印刷佛像、经咒、发愿文以及历书等。唐太宗的皇后长孙氏收集封建社会中妇女典型人物的故事，编写了一本叫《女则》的书。贞观十年（636 年）长孙皇后死了，宫中有人把这本书送到唐太宗那里。唐太宗看到之后，下令用雕版印刷把它印出来。《女则》是中国文献资料中提到的最早的刻本。

大和九年（835 年），剑南、两川和淮南道的人民，都用雕版印刷历书，在街上出卖。管历法的司天台还没有奏请颁发新历，老百姓印的新历却已到处都是了。颁布历法是封建帝王的特权，东川节度使冯宿为了维护朝廷的威信，就奏请禁止私人出版历书。唐文宗下令各地不得私自雕版印刷历书。可是，历书关系到农业生产，农民非常需要，一道命令怎么禁得了呢？虽然唐文宗下了这道命令，民间刻印的历书仍旧到处风行。就是在同一个地区，民间印刷历书的也不只一家。

黄巢起义的时候，唐僖宗慌慌张张逃到了四川。连皇帝都逃跑了，当然也就没有人来管理禁印历书的事了。因此，江东地方的人民就自己编印了历书来出卖。唐僖宗中和元年（881 年），市场上就同时出现了两个版本的历书，这两套历书竟然在月大月小上相差了一天，这就难免发生了争执。这件事被一个地方官知道了，他觉得不可思议，说："大家都是同行做生意，相差一天半天又有什么关系呢?"历书,这么严谨的东西怎么可以差一天呢?这个地方官的说法真是叫人笑掉大牙。

亲历雕版印刷实际工作

北宋国都汴梁的大街上,车水马龙,热闹异常。

坐落在东门大街上的万卷堂书坊也是人来客往,生意十分兴隆。然而,书坊的雕刻工场里却鸦雀无声。几十个雕刻匠人正伏在桌子上聚精会神地雕刻着雕版。万卷堂书坊是汴梁城里最大的一个专营雕版印刷的手工业作坊。

在这些工人中有一个三十多岁,脸庞清瘦的青年,他身着半旧不新的粗麻布衣服,浓黑的眉毛下嵌着一对炯炯有神的大眼睛。他就是毕升。毕升出生于北宋太宗太平兴国七年(982年),父亲毕士奇勤劳本份,叔父毕士华是从事雕版印刷工作的印刷工人。毕士华年轻有为,广交四海,在宣州(今安徽)、益州(今四川)、钱塘(今杭州)、古荆州等地,毕士华都开办了毕氏印坊。淳化四年(993年),毕升十二岁时,毕士华因益州茶农王小波起义而回归故里,得以与毕升父子团聚,因叔父见多识广,给幼小聪慧的毕升许多的教益。淳化五年(994年),十三岁的毕升参加县考中头名,获"白衣秀士"之誉。至道二年(996年),十五岁的毕升在其父毕士奇的支持下,游学励志,他先是来到了钱塘(今杭州),然后到汴京(今河南开封)。

毕升小时候就经常在书坊雕刻坊外偷看匠人刻雕版,他勤奋好学,天天读书写字,什么真、草、隶、篆、甲骨文都学着写。因此,不到十五岁,就认识了不少字,而且练就了一笔好字。

号称"神刀王"的雕版师傅，刀下工夫远近驰名，得到人们的交口称赞。很多人慕名前来拜师，毕升为了提高自己的雕版技艺，就来拜师。"神刀王"看他聪明灵巧，十分讨人欢喜，而且毕升又写得一手好字，就收下了这名徒弟。毕升跟着师傅早起晚睡，勤奋学习雕刻技术，不长时间，他的技艺就有了长足的进步。毕升随着"神刀王"一学就是多少年，他起早贪黑地刻苦学习，技能上大有上进。

几年后的一天，"神刀王"雕刻晋代大书法家王羲之的《兰亭序》，让毕升在一旁观看揣摩。哪知毕升不小心碰了师傅的胳膊，结果最后一行的一个"之"字刻坏了。这样，整块木板就要报废。当时"神刀王"没有责备他。可毕升难过极了，晚上他躺在床上，翻来覆去睡不着觉。他先是暗暗埋怨自己，后来又突然冒出一个念头：雕版印刷太麻烦了，印一种书就得雕一回木板，费的人工仍旧很多，无法迅速地、大量地印刷书籍，有些书字数很多，常常要雕好多年才能雕好，万一这部书印了一次不再重印，那么，雕得好好的木板就完全没用了。有什么办法改进呢？

从生活中得到灵感发明活字印刷

宋真宗咸平三年，即庚子1000年的上年，19岁的毕升迎娶同乡才女李妙音。

按北宋沈括在《梦溪笔谈》所记，毕升是在庆历年间（1041—1048年）发明了活字印刷术，也就是在毕升59岁到66岁这一人生阶段。

自从弄坏了师傅的雕版以后，毕升就没有停止过思考。

一天，他对大家说："师傅们！这种雕版印刷方法非改革不可！我毕升有这个决心。希望大家出点子，想办法，多多帮助。"

"怎么改？好多能人都改不了，何况咱们呢？"

"别异想天开了，还是老老实实刻我们的字吧！"大家七嘴八舌好一阵子也没辩出个道道。

毕升并不气馁，此后，一有空闲，他就考虑这件事。

有一天，毕升看见两个儿子玩过家家，用泥做成了锅、碗、桌、椅、猪、人等，然后随心所欲地摆来摆去。毕升看着看着，忽然眼前一亮，猛地一拍脑门，高兴地大叫起来："有办法了！有办法了！如果把字也变成桌椅等玩具，不也可以随意排列组合了吗？"

这时已经是 1048 年的冬天，毕升 66 岁了。虽然天气很冷，他仍然伏在桌上，用小刀在一块块半寸见方的小木块上刻着字。手冻僵了，就用嘴嘘嘘热气再刻。就这样，白天上工，晚上刻字，三千多个常用字终于刻完了。

几个月后的一个早晨，天刚亮，毕升就起来了，急急忙忙地吃过早饭，便背着个大柳条筐，跨进了万卷堂书坊的雕刻工场。他兴奋地说："诸位师傅，我用了几个月时间，已经把木活字刻好了。今天我想实验一下，请大家指教。"大家听了毕升的话，都有点惊奇，有的人带着半信半疑的神情从筐里拿出了几个木活字问："用这个东西有什么好处呢？"

毕升不急不忙地说："活字印刷，印完了可以把字拆下来，下次再用。这不是比雕版印刷好吗？"

"字这么多，你怎样把需要的字一个一个拣出来呢？"

"请大家仔细看，我是把字按读音归类的。一种韵部一个类。

同一类的字放在一个盘子里，然后再按部首笔画排出顺序，拣起来是十分方便的。"

"可是，怎样把字排在一起又使它们不分开，而且使字面平整呢？"

当看到毕升把木活字夹在一块有方格的铁框板里，用烧化了的松香之类的东西把没有字的一头粘在铁板上，拼成了一块活字版后，大家不住点头称赞。毕升在字上涂了油墨，开始印刷了，可是印着印着，字迹渐渐变大，笔画也越来越模糊了。原来是选用的木材出了问题。

"用什么好呢？"大家一时都没了主意。

有个师傅沉思了良久，说："我想，最好能用一种既便于雕刻又不吸水的东西代替，可它又不是木料。到底是什么呢？我一时想不出。"他的话引起了大家的兴趣，你一言我一语，纷纷议论起来。

这时，毕升看到一个年轻工匠手中的茶壶，心中猛然一动，脱口而出："有了！有了！"大家听了毕升的话都有点莫名其妙。毕升镇静了一下，微笑地说："我看到了瓦壶，猛然想起制活字的东西来了。如果用胶泥弄成坯刻上字，再放进窑里煅烧，不就可以制成不吸水又不易变形的活字了吗？"

第二日，毕升就来到了离京城不远的一个叫黔首谷的地方，这里出产一种土质细而黏性强的泥土。在黔首谷窑场工人们的帮助下，世界上第一批泥活字就这样在一个平民手中诞生了！

在大家的祝贺声中，毕升进行了活字印刷的表演。只见他从屋里取出一个有方格的铁框板，又从衣兜里掏出一包松香均匀地铺在上面，然后，便把铁框板放在炉子上加热。松香一遇热，就熔化了。然后他将细腻的胶泥制成小型方块，一个个刻上凸面反字，用火烧硬，按照韵母分别放在木格子里。然后在一块铁板上铺上粘合剂（松香、蜡和纸灰），按照字句段落将一个个字依次排放，不一会儿，铁板上就排满了字。再在四周围上铁框，用火加热。毕升把铁框板从火炉上拿下来，迅速用一块平平的木板在字面上轻轻压了压，字面就平整了。松香一凝固，一框泥活字也就整齐地粘在一起，非常牢固。待粘合剂稍微冷却时，用平板把版面压平，完全冷却后就可以印了。印完后，把印版用火一烘，粘合剂熔化，拆下一个个活字，留着下次排版再用。

看到这里，大家齐声叫起好来。

毕升仔仔细细把印墨均匀地涂在字面上，然后小心翼翼铺上白纸，熟练地印起来。一张，两张，十张，百张……一连印了三百张，张张都很清楚。

周围的人都非常激动，师弟们更是禁不住啧啧赞叹！一位小师弟说："《大藏经》5000多卷，雕了十三万块木板，一间屋子都装不下，花了多少年心血！如果用师兄的办法，几个月就能完成了。师兄，你是怎么想出这么巧妙的办法的？"

"是我的两个儿子教我的！"毕升说。

"你儿子？怎么可能呢？他们只会'过家家'。"

"你说对了！就靠这'过家家'。"毕升笑着说，"有一天，两个儿子玩过家家，用泥做成了锅、碗、桌、椅、猪、人，随心所欲地排来排去。我的眼前忽然一亮，当时我就想，我何不也来玩过家家：用泥刻成单字印章，不就可以随意排列，排成文章吗？哈哈！这难道不是儿子教我的吗？"

师兄弟们听了，也哈哈大笑起来。

"但是这过家家，谁家孩子都玩过，师兄们都看过，为什么偏偏只有你发明了活字印刷呢？"还是那位小师弟问道。

好一会，"神刀王"师傅开了口："在你们师兄弟中，毕升最有心。他早就在琢磨提高工效的新方法了！冰冻三尺非一日之寒啊。"

雕版印刷一版能印几百部甚至几千部书，对文化的传播确实起了很大的作用，但是刻板费时费工，大部分的书往往要花费几年的时间，存放版片又要占用很大的地方，而且常会因变形、虫蛀、腐蚀而损坏。印量少而不需要重印的书，版片就成了废物。此外，雕版发现错别字，改起来很困难，常需整块版重新雕刻。活字制版正好避免了雕版的不足，只要事先准备好足够的单个活字，就可随时拼版，大大地加快了制版时间。活字版印完后，可以拆版，活字可重复使用，且活字比雕版占有的空间小，容易存储和保管。这样活字的优越性就表现出来了。

毕升发明的活字印刷方法既简单灵活，又方便轻巧。其制作程序为：用胶泥做成一个个规格一致的毛坯，在一端刻上反体单字，字划突起的高度像铜钱边缘的厚度一样，用火烧硬，成为单个的胶泥活字。为了适应排版的需要，一般常用字都备有几个甚至几十个，以备同一版内重复的时候使用。遇到不常用的冷僻字，如果事前没有准备，可以随制随用。为便于拣字，把胶泥活字按韵分类放在木格子里，贴上纸条标明。排字的时候，用一块带框的铁板作底托，上面敷一层用松脂、蜡和纸灰混合制成的药剂，然后把需要的胶泥活字拣出来一个个排进框内。排满一框就成为一版，再用火烘烤，等药剂稍微熔化，用一块平板把字面压平，药剂冷却凝固后，就成为版型。印刷的时候，只要在版型上刷上墨，覆上纸，加一定的压力就行了。为了可以连续印刷，就用两块铁板，一版加刷，另一版排字，两版交替使用。印完以后，用火把药剂烤化，用手轻轻一抖，活字就可以从铁板上脱落下来，再按韵放回原来木格里，以备下次再用。

字活人死的结局

北宋真宗景德三年（1006年），真宗御诏毕升协印《国书》。他二赴汴京，为赶印《国书》，毕升在汴京八大印坊推行木活字版印法。在北宋真宗天禧二年（1018年）的上半年，因水墨刷印，气温变化，致木活字变形高低不平，竟然印坏了《国书》，真宗一时龙颜大怒，下旨严办八大印坊坊主，毕升仗义执言，被判黥面死刑。同年冬至被义士袁斗法场救友而死罪得免，获活罪入沙门岛服刑。

北宋仁宗天圣元年（1023年），时年四十二岁的毕升获大赦出狱还乡。其后毕升把全部心血致力于推广活字印刷术上，宋仁宗庆历九年之后改元为"皇祐"，皇祐元年（1049年），毕升相濡以沫的爱妻李妙音不幸病逝。皇祐三年（1051年），已经六十九岁届临古稀的毕升三赴钱塘推行泥活字版印法，在他刚满六十九岁的当日即农历二月二十四日晨，为其妻单身赴灵隐寺还愿，被宿敌派杀手暗算，并翻渡船遇难于钱塘江中。

皇祐四年清明节前，农历二月初七日，毕升四子于古圻州镇东关（今湖北英山草盘地镇）五桂墩村睡狮山之阳为其父毕升、母李妙音建冢树碑。同年，北宋大文豪范仲淹、大科学家沈括之父沈周先后辞世。至北宋神宗熙宁十年（1077年），也就是毕升诞辰九十五周年，死后二十六周年，因涉北宋宰相范仲淹推行新政而三次遭贬的沈括，时任宣州（今安徽）知州，往访毕升后裔，并参拜了陵地。

北宋哲宋元祐五年庚午即1090年，即毕升诞辰一百零八周年，逝世三十九年，沈括居润州（今江苏镇江）撰写《梦溪笔谈》，在"卷十八"中记载了毕升胶泥活字板工艺流程，并留下了"庆历中有布衣毕升，又为活板……"等274个字，为千年之后揭开活字印刷术发明者升昇的身世之谜，留下了一字值万金的历史记载。毕升，一生坎坷，历尽艰辛，但他执着追求，用毕生的精力创造发明完成了活字印刷术，却没有得到当时封建王朝的肯定与推广，其生平事迹也没有载入历史和家谱，其生前生后事皆成千万之谜。只有在新中国，特别是在改革开放年代，毕升的事迹才得以重见天日，毕族后人莫不欢欣鼓舞，毕升的传说才得以穿越历史的尘封，向世人走来。

活字印刷术的远播

在中国印刷史上，沈括是一位不能不提的人物。这不仅是因为他最早详细地介绍了毕升发明的活字版印刷技术，为印刷史的研究提供了重要的文献资料，更重要的是他的记载，对推动活字版技术的发展，起了很大的作用。我们今天仍考查不出雕版印刷术发明的确切年代。而活字版的情况就不同了，这一技术刚出现，就被同时代的沈括所记载，不但有发明者、发明的年代，而且有详细的工艺技术的介绍。

宋人周必大（1129—1204 年）曾被封为济国公，老年时从沈括那里学来了毕升的方法，印了自己的著作。他也做了一点小改动，把铁板改为铜板。铜板比铁板传热性好，易使粘药熔化，但铜板比铁板价格贵，但这对一个公爵来说就算不了什么。

元代的姚枢（1201—1278 年）提倡活字印刷，他教子弟杨古用活字版印书，印成了朱熹的《小学》和《近思录》，以及吕祖谦的《东莱经史论说》等书。不过杨古造泥活字是用毕升以后宋人改进的技术，并不是毕升原有技术。清康熙六年翟世琪出任饶州推官，集磁户，造青磁《易经》一部。所谓青磁（活字）据专家分析可能是以制青瓷的瓷土烧成的陶活字。

十九世纪安徽泾县的翟金生，因读沈括的《梦溪笔谈》中所述的毕升泥活字技术，而萌生了用泥活字印书的想法。他费时三十年，制泥活字十万多个。1844 年印成了《泥版试印初编》。此后，他又印了许多书。20 世纪 60~70 年代在泾县还发现了翟金生当年所制的泥活字数千枚。这些活字有大小五种型号。他以自己的实践证明了毕升的发明是可行的，打破了世人对泥活字可行性的怀疑。

王祯（1271—1368 年）创制了木活字。王祯是山东东平人，是一位农学家，做过几任县官，他留下一部总结古代农业生产经验的著作——《农书》。王祯关于木活字的刻字、修字、选字、排字、印刷等方法都附在这本书内。他在安徽旌德请工匠刻木活字 3 万多个，于元成宗大德二年（1298 年）试印了六万多字的《旌德县志》，不到一个月就印了一百部可见效率之高。这是有记录的第一部木活字印本。王祯在印刷技术上的另一个贡献是发明了转轮排字盘。用轻质木材作成一个大轮盘，直径约七尺，轮轴高三尺，轮盘装在轮轴上可以自由转动。把木活字按古代韵书的分类法，分别放入盘内的一个个格子里。他做了两副这样的大轮盘，排字工人坐在两副轮盘之间，转动轮盘即可找字，这就是王祯所说的"以字就人，按韵取字"。这样既提高了排字效率，又减轻了排字工的体力劳动。是排字技术上的一个创举。元代木活字印本书虽已失传，但当时维吾尔文的木活字则有几百个流传下来。明代木活字本较多，多采用宋元传统技术。明万历十四年（1586年）的《唐诗类苑》《世庙识余录》，嘉靖间（约1515—1530年）的《璧水群英待问会元》等都是木活字的印本。

在清代，木活字技术由于得到政府的支持获得空前的发展。康熙年间木活字本已盛行，大规模用木活字印书则始于乾隆年间《英武殿聚珍版丛书》的发行。印制该书共刻成大小枣木木活字253500个。印成《英武殿聚珍版丛书》134种，2389卷。这是我国历史上规模最大的一次用木活字印书。用金属材料制造活字，也是活字印刷的一个发展方向。在王祯以前，已有人用锡做活字。但锡不易受墨，印刷很困难，难于推广。十五、十六世纪之际，铜活字流行于江苏无锡、苏州、南京一带。铜活字印刷在清代进入新的高潮，最大的工程要算印刷数量达万卷《古今图书集成》了，估计用铜活字达100万～200万个。

印刷术的发明，是人类文明史上的光辉篇章，而建立这一伟绩殊勋的莫大光荣属于中华民族。印本的大量生产，使书籍留存的机会增加，减少手写本因有限的收藏而遭受绝灭的可能性。由于印本的广泛传播及读者数量的增加，过去教会对学术的垄断遭到世俗人士的挑战。宗教著作的优先地位也逐渐为人文主义学者的作品所取代，而读者们对于历来存在的对古籍中的分歧和矛盾有所认识，因而削弱了对传统说法的信心，进而为新学问的发展建立了基础。

印刷术使版本统一，这和手抄本不可避免产生的讹误有明显的差异。印刷术本身不能保证文字无误，但是在印刷前的校对及印刷后的勘误表的出现，使得后出的印本更趋完善。通过印刷工作者进行的先期编辑，使得书籍的形式日渐统一，而不是像从前手抄者的各随所好。凡此种种，使读者养成一种有系统的思想方法，并促进各种不同学科组织的结构方式得以形成。

发明活字印刷以后，毕升的胶泥活字首先传到朝鲜，称为"陶活字"。后来又采用木活字印书。到了十三世纪，他们首先发明用铜活字印书。十三世纪末，高丽用金属活字印《清凉答顺宗心要法门》，是世界上现存最早的金属活字本。1376年，朝鲜出现木活字《通鉴纲目》。1436年，朝鲜用铅活字刊印《通鉴纲目》。

后来，活字印刷术又由朝鲜传到日本、越南、菲律宾。十五世纪，活字板传到欧洲。十六世纪末，日本用活字刊行《古文孝经》《劝学文》。1440年左右，约翰内斯·古腾堡将当时欧洲已有的多项技术整合在一起，发明了铅字的活字印刷，很快在欧洲传播开来，推进了印刷形成工业化。1454～1455年，古腾堡用活字印《古腾堡圣经》，这是欧洲第一部活字印刷品，比中国的活字印刷史晚四百年。活字印刷术经过德国而迅速传到其他十多个国家，促使文艺复兴运动的到来。十六世纪，活字印刷术传到非洲、美洲，十九世纪传入澳洲。1584 年，西班牙历史学家传教士冈萨雷斯·德·门多萨在所著《中华大帝国史》中提出，古腾堡受到中国印刷技术影响；中国的印刷术通过两条途径传入德国，一条途径是经俄罗斯传入德国，一条途径是通过阿拉伯商人携带书籍传入德国，古腾堡以这些中国书籍作为他的印刷的蓝本。门多萨的书很快被翻译成法文、英文、意大利文，在欧洲产生很大影响。法国历史学家路易·勒罗伊，文学家米歇尔·德·蒙田等，都同意门多萨的论点。汉学家安田朴曾以"欧洲中心论欺骗行为的代表作：所谓古腾堡可能是印刷术的发明人"为题，论证欧洲的活字印刷术来源于中国。

意大利人则将活字印刷传入欧洲的功劳归功于伦巴地出生的意大利印书家帕菲洛·卡斯塔尔迪，他见到马可·波罗从中国带回来的活字版书籍，采用活字法印书。意大利人为此特地在他的出生地树立他的雕像作为纪念。法国汉学家儒莲，曾将沈括《梦溪笔谈》中毕升发明活字印刷术的一段史料翻译成法文，他是最早将毕升发明活字印刷术的史实介绍到欧洲的人。古腾堡所发明的铅字，实际上同时含有铅、锡与锑。因为活字合金含有铅等对人体有害的金属、使用麻烦以及工艺上的不足，在电脑排版流行以后，逐渐淡出出版的舞台。

印刷术的传入使欧洲宗教改革的主张广为传播。马丁·路德曾称印刷术为"上帝至高无上的恩赐，使得福音更能传扬"。在1517 年马丁·路德提出他的抗议之前，人们已经用一些本国的民族语言印刷圣经，使宗教改革的条件日趋成熟。福音真理不再是少数人所专有，而为普通百姓所能学习和理解。同时也使宗教信仰因国家不同而有变通，罗马教会再不能保持国际性的统一形式。新教运动的原始动机是纠正教会的弊端，特别是赎罪券的出售，自从印刷术应用到大量的印刷赎罪券以后，出售赎罪券成为一种谋利手段。与此同时，新教徒也利用印刷的小册子、传单和布告等方式，广泛传播其观念和主张，如果没有印刷术，新教的主张可能仅限于某些地区，而不会形成为一个国际性的重要运动，永远结束教士们对学术的垄断、克服愚昧和迷信，进而促成西欧社会早日脱离"黑暗时代"。

在印刷术出现以前，虽然已有民族文学，但印刷术对民族文学的发展影响极为深远。西欧各民族的口语在16世纪之前已发展为书写文字，逐渐演进成为现代形式，同时一些中世纪的书写文字已在这一过程中消失。一度成为国际语言的拉丁文也日渐式微，终于成为死的语言。新兴的民族国家大力支持民族语文的统一。与此同时，作者们在寻找最佳形式来表达他们的思想；出版商也鼓励他们用民族语言以扩大读者市场。在以民族语言出版书籍越来越容易的情况下，印刷术使各种语文出版物的词汇、语法、结构、拼法和标点日趋统一。小说出版广泛流通以后，通俗语言的地位得到巩固，而这些通用语言又促进各民族文学和文化的发展，最终导致明确的民族意识的建立和民族主义的产生。

印刷促进教育的普及和知识的推广，书籍价格便宜使更多人可以获得知识，因而影响他们的人生观和世界观。书籍普及会使人们的识字率提高，反过来又扩大了书籍的需要量。此外，手工业者从早期印行的手册、广告中发觉印行这类印刷品可以名利双收，这样又提高了他们的阅读和书写能力。

印刷术和火药、指南针一起，被马克思称为"预告资产阶级社会到来的三大发明"。马克思联系欧洲的历史发展阐述说："火药把骑士阶层炸得粉碎，指南针打开了世界市场并建立了殖民地，而印刷术却变成新教的工具，总的来说变成科学复兴的手段，变成对精神发展创造必要前提的最强大的杠杆。"

英山毕升森林公园

毕升于 1051 年（宋仁宗皇祐三年）逝世，与其妻李妙音合葬于今英山县草盘地镇五桂墩村睡狮山之阳。1052 年（宋仁宗皇祐四年）二月初七，其子毕嘉、毕文、毕成、毕荣，其孙文显、文斌、文忠为之立碑。1990 年，毕升墓碑在英山盘地五桂村家坳被发现。经中国印刷技术协会、中国印刷博物馆筹委会、湖北省文管会等单位委托中国历史博物馆研究员、国家文物鉴定委员会副主任委员史树青等二十八名专家学者鉴定，确认无疑。

为了纪念这位伟大的发明家，弘扬毕升文化，英山县在国家和湖北省文物部门的支持下，投资 500 多万元建造了毕升公园和毕升纪念馆，并在毕升纪念馆中向世人展示活字印刷文化的博大精深。

毕升森林公园位于大别山生态旅游区中心，交通极为便利。中原第一山——天堂寨位于毕升森林公园境内，主峰海拔一千七百多米，历来为兵家必争之地，素称"吴楚东南第一关"。毕升森林公园属于北亚热带与暖湿温带交汇的典型地带，拥有大面积的原始次生林，森林覆盖率为百分之九十五，这里是古老珍稀动植物种群的避难所和衍生地，被誉为植物的王国、动物的乐园、杜鹃花的世界、娃娃鱼的故乡。

毕升森林公园自然风光秀美，既有原始森林的恬静，又有现代都市的繁华；既有蓝天白云的广阔，又有小桥流水的温柔。长逾万米，落差达八百米的大峡谷——龙潭河谷，谷险潭深，风景独秀，是传说中水怪出没的地方，有终年不涸的大小瀑布十八条。有高达百米的排天瀑和陡峭巍严的龙门峡、仙气充盈的龙宫洞景观、千年古藤园等植物种群点缀其间，形成了一个游览风光走廊，被旅游专家赞誉为"华中河谷第一景"。

在英山，一批以毕升命名的道路、大桥、广场、酒楼、学校等如雨后春笋般兴起，英山人以各种方式表达自己对这位伟大发明家的敬仰。

第二章

燕肃——中国的达·芬奇

	北宋	南宋
燕肃★		
960年	1127年	1279年

　　燕肃学识渊博，精通天文、机械、诗词、绘画，是中国古代众多官员中难得的能人才子。著名科学技术史家、英国人李约瑟在他的《中国与西方的科学和社会》一书中说："燕肃是个达·芬奇式的人物。"

第二章

中国印刷术——燕肃

四十岁为官勤政爱民

五代末北宋初，兵荒马乱，连年战争，天灾人祸，民不聊生。961 年，燕肃出生在一个孤苦贫寒的家庭。六岁时，父亲因病去世，母亲靠给人家浆洗缝补度日，一家人生活在社会底层，过着贫苦的生活，根本就没有钱让燕肃去私塾求学。孤贫的生活，不幸的遭遇，并没有阻碍住他的求知欲望，反而磨炼了他顽强的性格。

但燕肃少年有志，发愤读书。没有书就向别人借，没有钱便在家自学。白天干活晚上读书。稍大后就离开了家乡，一边给人家帮工，一边拜师求学。

由于他天资聪颖，又勤奋好学，学业日益上进。历尽了许多艰难困苦，经过了无数身心磨难，在外漂泊几十年，近不惑之年时，才到了陕西凤翔，这时清官寇准因事降职，正在凤翔府担任知府，燕肃来到了清官寇准的府上当一名小吏。此时的他虽有了明师指教，但仍然是边工边读，坚持自学。功夫不负有心人，经过了千万个日日夜夜的苦读，终于在宋淳化年间，也就是燕肃四十六岁的时候，他考中了进士，任凤翔府推官，主管司法事务。

宋淳化五年（994年），寇准自凤翔召还，任参知政事（副宰相）。他深知燕肃是一个学问渊博、精明能干的人，便推荐他任秘书省著作佐郎，后任临邛（今四川邛崃来）知县。不久又调任河南府通判，任考城知县。宋真宗赵恒即位，因燕肃政绩突出，升为监察御史，因寇准建议，仍留任河南。寇准回京后，荐燕肃为殿中侍御史，提点广南西路刑狱，继而又徙广南东路刑狱。

在临邛县任上，燕肃显示了卓越的治理才能。燕肃每到一地，总是先了解舆情刑狱，下察民生疾苦。当他发现县衙为了传讯被告者，设置了几名衙役，专司此职。而这些衙役下乡时，经常对原告和被告敲诈勒索，贪婪受贿，当地百姓最怕官吏借断狱之事下乡滋扰。由此必然引起审讯中的徇私舞弊，极易造成冤狱。燕肃决定要革除此弊端，却遭到了来自各方面的压力，上司和下级都说这是多年的祖制，不能更改。而燕肃则以关心民瘼为由，顶住了压力，坚决进行革新。他颁布新规定"削木为牍"代替衙役。具体做法是：书其姓名于木牍之上，让原告持此木牍通知被告，原告非常认真，被告不敢懈怠，如被告不按期到庭，则要受到惩罚，故而审讯时相关人员都能按时到衙，无需专设传讯人员。相关人员一律按时到县衙，不再滋扰百姓。革除了用衙役传讯之害民弊端，受到广大民众的拥护。

燕肃后来曾任考城（今河南兰考）知县，河南通判，提点广南西路、广南南路及殿中侍狱史等职。在处理众多刑狱中，他发现了判处死刑执行斩决的案犯中，有不少冤案，有审判者的主观臆断，有贪赃枉法冤枉好人者，甚至有的代人受死，燕肃觉得这是人命关天的大事，出于爱民之心，他便奏请皇上说："凡判处死刑的案件，人命关天，绝不可疏忽。必须慎重。"同时他还建议：凡处以死刑的案犯，均可以上诉，任何人包括各级官员不得阻止。对上诉案件必须认真复审，不可一经判处死刑就"斩立决"，要过一阶段，经过复审后再行处决。

皇上采纳了他的奏义，一时上诉的人很多。燕肃在参加复审中，明察案情，着重证据，对有冤情的案件，不管牵涉到什么人，一律秉公判断，铁面无私，不畏权贵，不怕报复。不仅解救了一批被冤屈的好人，还严惩了那些贪赃枉法徇私舞弊陷害好人的官员。尽管得罪了一些人，却使许多冤狱得到了平反。

任职明州（今浙江宁波）时，当地居民具有强硬粗暴、轻率好斗的不良风气。燕肃下令只是严厉处罚先动手打人的人，后动手的人不管结果怎样，都会被宽恕。于是打架斗殴的人渐渐少了，因此就制止了当地居民动手打人的恶习，社会治安大有好转。在宁波历代知府中，他的到任，极大地开化了明州百姓的思想，百姓们因此把他纪念在府学名宦祠中。

天圣四年（1026 年），燕肃当时在刑部任职。当时，京师对判死刑的人，都是先由大理寺裁判，报审刑院复查，由审刑院知院与详议官写出书面意见，再上报中书省决定，而后交付执行。故误判较少；而州郡之狱所判死刑可上诉中央的制度已废弃，对事有可疑或理有可悯者，虽然也允许上诉，但多为法司驳回，不仅得不到审刑院的复查，有关官员反落个失职之罪，以致错杀时有发生。

燕肃看到这种情况，认为不妥，他上疏皇帝说："在唐代的时候，凡判处死刑的人，在京师要求五次复奏，在备州要三次复奏，保存了很多囚犯的活命。贞观四年判决死罪 29 人，开元二十五年死罪才 58 人。现在天下人口不比唐代多，而天圣三年判死罪的有 2436 人，几乎为唐代的一百倍。京师判死罪虽然复奏一次，而各州郡的案件有疑点或情有可悯的，州郡向上请示时，多被法寺驳回，官吏反获不应上奏的罪名，因而各州郡在判案时，对案情有所增加，把某些情节说得重一些，用感情去套法律，失去了朝廷宽厚体恤百姓的本意。希望能按唐代的成例：各州郡中关押的情可哀悯的疑犯，在处以死刑之前，官府必须向朝廷复奏获得批准，方得施行，使得天下判死罪的都可以有一次复奏的机会。"

朝廷采纳了他的建议，使地方上所判死刑可以复奏的制度得以恢复。这对完善宋朝的司法制度，减轻州郡官吏对平民百姓的欺压，起到了一定的作用。王安石曾写诗称赞他"奏论谳死误当赦，全活至今何可数"，称燕肃是"仁人义士"。燕肃的一篇奏表救活了许多人的性命，功德无量。

燕肃因自小生活在社会底层，他深知民间疾苦，一生为官清廉，刚正不阿，经常为平民办事，并因此得罪了当时的许多官员。燕肃进入仕途时年纪已大，46 岁才经寇准推荐任京官，在龙图阁待制品级上一待就是十余年。"龙图阁待制"几乎是个荣誉性的虚衔，燕肃心中纠结，就给当时的青州老乡、丞相王曾写了一首牢骚诗，其中说："鬓边今日白，腰下几时黄？"按照宋朝的制度，阁馆的制诰、待制等官员只能穿皂靴、系犀带，必须升迁到学士之后，才由皇帝赐给金带。王曾也很为这位老乡抱不平，就跟皇帝说了这事儿，不久燕肃被任命为龙图阁直学士。从虚职挂名的官员变成了实职的领导。

历史上做过龙图阁直学士的有很多，但以"龙图"官职闻名于后世的，只有两人。一是燕肃，二是包拯——就是那个"包龙图打坐在开封府"的"包青天"。所以，人们常称燕肃为"燕龙图"。

明道二年（1033 年），七十多岁的燕肃接替范枫任青州知州，回到祖籍任职。在青州任上，正值当地灾荒，朝廷命他兼任京东安抚使，组织赈灾救荒。在青州任上仅三个月，又被召回京城，入判太常寺兼大理寺，复任审刑院。康定元年（1040 年）去世，赠太尉。

精通音律，能诗善画

燕肃多才多艺，不仅为政清明，还具有赋诗、绘画等各种才能。

燕肃喜欢写诗，创作诗词数千篇，但流传下来的不多，今天能读到的仅《僻居》《赠惠山庆上人》等少数几首。《僻居》是一首五言诗，描写了作者追求闲居生活的恬然心态。从中可以体会到他的文采：

僻居

茅茨城市远，草径接鱼村。

白日偶无客，青山长对门。

药炉留火暖，花坞带烟昏。

静坐搜新句，冥心傍酒樽。

赠惠山庆上人

陆羽泉边倚瘦筇，参差台殿映疏松。

五天讲去春骑虎，一钵擎来昼伏龙。

像阁磬敲清有韵，苏庭云过静无踪。

相逢多说游方话，知老灵山第几峰。

北宋大中祥符五年（1012 年）的九九重阳节，桂林城晴空万里，秋高气爽，几位从朝廷下广西任职的官员聚会在一起，到城东小东江畔的龙隐岩游览，他们分别是：以殿中侍御史出任广西转运使的官员俞献可、尚书外郎（宋最高行政机构尚书省下设的各司副长官）熊同文、侍禁阁门祗侯（宋朝廷中掌管朝会、游幸、宴享、庆典礼仪的官署阁门司官员）王贞白。他们在龙隐岩摆酒设宴，开怀畅饮，然后，又同游七星岩，兴浓之处，由俞献可用篆书亲书题名，镌刻于七星岩。六年后，天禧二年（1018 年）中元节，俞献可又与时任广西提点刑狱（掌所辖地区司法、刑狱，并监察地方官吏）的燕肃同游七星岩。燕肃兴致之余，以拿手的悬针篆书法，亲书题名，刻于岩壁之上。

这两件篆书题名，是我们现在能看到的刻在桂林的最早的宋代石刻。燕肃在桂林的这件题名，使用了一种新颖、别致的书体——悬针篆（小篆中的一种）来书写，书法特点非常独特。悬针篆是小篆的另一种风格，属鸟虫篆的变体。鸟虫书体产生在春秋晚期至战国早期的一百五十多年中。当时，南方的吴、越、楚诸国盛行鸟、凤、龙、虫各种字体，这些字体有的故作波折，有的把字形装饰成鸟虫一样的花纹。它们被刻在青铜器和兵器上并施以错金工艺，观之富丽堂皇，装饰性极强，是先民对于文字的一种有意识的美化。

在这件题名石刻中，燕肃将悬针篆作了大胆创新：纵向笔端处如水珠下滴形成针尖状，给人一种新奇之感。整篇书法在布局上，行列分布匀称；字体上，对称规整，体势修长，运笔刚健含蓄，秀丽典雅。整体上呈现出一种均衡、对称、规则、静中取动、和谐统一的美感，明显具有美术造型的倾向，体现了燕肃独特的艺术审美情趣。燕肃和俞献可题名使用的都是小篆书体。小篆，亦称秦篆，是秦始皇统一六国后，由丞相李斯在商周青铜时代的文字—大篆的基础上创造出来的。小篆使用的寿命很短，只有几十年，因此后人的小篆书法作品较少。

而在桂林石刻中，除了六七件唐代小篆作品外，出现了较多的宋人小篆作品，使桂林成为了全国金石书法中保存宋人小篆作品最多的地方。在宋代，金石学极为兴盛，产生了如欧阳修、赵明诚等著名大家。从石刻中的书法功力来看，燕肃与俞献可都是金石学造诣较高的人，他们是宋人在桂林留下小篆石刻作品的先行。

文人画是中国画的一种，泛指中国封建社会文人、士大夫所作之画，与民间画工、宫廷画院职业画家的绘画相区别，北宋苏轼称之为"士夫画"，明代董其昌称之为"文人之画"。文人画须同时具备人品、学问、才情、思想四要素，大多取材于山水、花鸟、梅兰竹菊和木石等，以抒发"性灵"或个人抱负，具有较强的文学性、哲学性和抒情性。

燕肃擅长绘画，尤工山水画，继承李成的画风。他作画，不随意下笔，总是登山涉水，师法自然，在取得大量素材后欣然命笔。所以，他的画"妙于真形"。一般认为，唐代王维是文人画的创始者，而燕肃是文人画的先驱者之一。

他的画作传世甚多，他绘制的《寒林屏风》被誉为"绝笔"。在《宣和画谱》中著录了《春岫渔歌》《江山雪霁》《小寒林》等三十多件，在故宫藏有《春山图》《秋册晚霭图》《寒岩积雪图》。在《宣和画谱》看来，燕肃是"文学治行，缙绅推之"，文学才华与道德品质在官场评价很高，而且"胸次（心胸）潇洒"，喜欢绘画，"尤喜画山水寒林"，与大画家王维不相上下。当时的一些重要建筑，比如皇宫里的太常寺（古代掌管礼乐的最高行政机关）、洛阳等地的知名寺院都有燕肃的作品。国外也有他的画迹，影响颇大。至今仍能看到他的四十余幅作品。

《春山图》是一幅画在纸上的水墨全景山水。画上春山耸秀，溪流板桥，竹篱村舍，高松垂柳和高士在山水中寻幽访胜的刻画，流露出画家对林泉之乐的向往。画中生拙凝重的笔墨和山水造型，与一般的职业画家迥异，带有早期文人画的形迹。

作为画家，《宋史》对燕肃的艺术成就的评价是："性精巧，能画，入妙品，图山水罨布浓淡，意象微远，尤善为古木折竹。"画坛行家说他能"登怀味象，无会神通"，可与王维、李成媲美。

燕肃精通音律，早在凤翔府任推官的时候，有一天，寇准宴客，燕肃在被请之列。宴会上表演寇准最喜欢的柘枝舞，舞女身资矫健，节奏鼓声多变，舞兴正浓，彩声雷动之时，伴奏的鼓环突然脱落，鼓声戛然而止，舞蹈随之停顿，众宾客皆唏嘘惋惜。当主人示意找人修理时，大家面面相觑，无人敢应。这时，燕肃自告奋勇，他把环脚为锁簧，把锁簧从脱环的地方放进鼓里，竟然很坚固，众人看了都非常高兴，宴会得以继续下去，气氛则更加活跃。与会者也一致赞誉"燕大人学高手巧，多才多艺"。

景祐元年（1034年）十月，宋仁宗下诏令他与知名音乐家宋祁、李随等一同考定朝廷乐器，整顿乐工。燕肃考察了御用的钟磬，提出建议说："太常寺使用的钟磬乐器，都饰以颜色，每三年一次皇帝亲自祭祀，则重新上一次颜色。年代久远，涂料积层很厚，所以声律越来越不协调。"于是，将朝廷钟磬历年涂饰的颜料去掉，全部刷新，按王朴律试验敲击，以合律准，试于后苑，声音和谐动听。

十年观潮著成《海潮论》

潮汐是由于月球和太阳对海水的引力和地球的不断自转相配合而形成的，在海洋上表现为海水涨落、进退的一种自然现象，也是海水运动的主要形式。

我国的海岸线很长，还拥有观潮胜地钱塘江。由于潮汐对于沿海人民的生产、生活有着重要意义，我们的祖先很早就认识了潮汐现象，很早就有了关于潮汐的文字记载。古代称白天为"朝"，晚上为"夕"；这样就把白天发生的海水涨落称为"潮"，而把晚上的海水涨落叫做"汐"，合称为"潮汐"。

古时候的人们对潮汐这一自然现象不了解，因而作出了许多荒诞的解释，多数人迷信神灵，有的把海潮说成是"天河激流"，有的说成是"地机翕张"，有的则认为是海神夜叉的威力……燕肃认为这些说法极不可信。

为了揭开这一自然现象之谜，在廉州任职时，燕肃就开始观察雷州半岛一带的海潮状况。到宁波、绍兴时又长期观察了东海的海潮变化，还研究了钱塘江潮涌的形成原因和规律。他利用在沿海州县做官的机会，在各地进行观察、试验，并对各地海潮进行了分析、比较，他先后用了十年的时间，足迹遍及东南沿海。他曾到过广东、浙江等地进行实地观测。终于在乾兴元年（1022年）写出了著名的论著《海潮论》，并绘制《海潮图》。可惜图已失传，论文则保留在宋王明清所撰的《挥麈录》中。

《海潮论》首先对形成海潮的原因作了论述。他指出，这段话的意思是说：元气总是一呼一吸的，天随着元气的呼吸而一涨一缩，而潮汐也随之涨落进退。由于太阳是所有阳性事物的本源，而阴性事物又是从阳性事物中产生的，因此，潮汐也从属于太阳。由于月亮是太阴的精华，而水又属于阴性事物这一类，所以潮汐便随月亮的运行而变化。这样一来，潮汐也就是依阴而附阳，随日应月的一种自然现象。因此，潮差在朔望时最大，在上、下弦时最小，及至下一次朔望时又变到最大，这也就是潮汐所以显得时大时小的原因。

在这里，燕肃用我国传统的阴阳五行说来立论，当然是不科学的方法，但他已经认识到日月的吸引是形成海潮的原因，并且指出一月之中朔望潮大，上下弦潮小，这都是科学的论断，是完全正确的。其次，在这篇论文中，他还对潮候进行了推算，指出了每天海潮涨落的时间，其所举数据是非常精确的。指出日月的引力是形成潮汐的原因。与现代的科学论证极其接近。其次，《海潮图》给出了计算公式：上半月高潮时 =（农历日数 − 1）× 53.57 分，下半月高潮时 =（农历日数 − 16）× 53.57 分 + 12 时。据此可推算出每天的满潮时间，其所举数据是非常精确的，分秒不差。

近代，牛顿用严格的数学方法得出了"万有引力"制约着太阳和行星以及行星和卫星运动的结论，并通过月亮对地球的引力在地球表面上分布的差异（即引潮力）解释了潮汐现象。潮汐是由太阳和月球对地球的引力与地球自转所产生离心力的合力作用的结果。因为太阳的引潮力比月球引潮力小得多，所以太阳潮通常不易单独观测到，它只是增强或减弱太阴潮（由月球引力产生的海潮），从而造成大潮和小潮。在朔日和望日时，月球、太阳和地球几乎在同一直线上，太阴潮与太阳潮彼此重迭相加，以致潮特别大。在上下弦时，月球与太阳的黄经相距九十度，太阴潮被太阳潮抵消一部分，所以潮特别小。由此可见，古人应用元气学说解释潮汐的成因与现代的万有引力有着异曲同工之妙。

潮汐现象在垂直方向上表现为潮位的升降，而在水平方向上则表现为潮流的进退，二者是一个现象的两个侧面，它们都由同一规律所控制共同作用的结果。这与地震的发生所产生的纵波和横波有着惊人的相似。

再者，在《海潮论》中，他还对钱塘江潮作了解释。钱塘江潮高浪涌，声若雷鸣，号称世界奇观。沿海的江河入海很多，为何唯有钱塘江入海口的海潮特别大呢？前人未能作出科学的回答。燕肃在《海潮论》中抓住了泥沙堆积、河床升高这个关键问题，第一个较为科学地解释了钱塘江潮。另外，燕肃还根据自己的海潮理论，用自己生动的绘画天赋绘制了《海潮图》。

他通过详尽细致的观察，绘制了宁波的潮汐表和《海潮图》，《海潮论》中有相当一部分就是由详细的宁波潮汐表组成的。燕肃的理论对海潮的形成原因作了详细的论述，对宁波沿海每日潮候推算达到了当时最高的精确度，正确地提出潮汐的起落依附于日月，但主要与月亮在时间上有对应关系，即朔、望潮大，上弦、下弦潮小。所以后来城中的月湖要比日湖大得多。潮时逐日推迟，时间有大尽、小尽（一个月三十天和二十九天）之分，将一天定为100刻，大尽3.72刻，小尽3.73刻，具体在时间上可能出现快慢进退的小差异，但整个潮水的涨落和大小是不会错过固定的时间的。这一精确的时刻值，令西方学者惊讶。

《海潮论》和《海潮图》的问世，不仅是理论上的重大突破，更重要的是对当时的渔业生产和海上交通提供了重要数据，有力地促进了社会经济发展，造福国家人民。

作为明州知州，燕肃用自己的研究成果，科学指导、促进了明州当时的渔业生产和浙东水路交通、水利建设，对明州经济繁荣和社会发展作出了重大贡献。燕肃还将自己的研究成果刻在石碑上，以便在百姓中广泛传播。

制成具有划时代意义的莲花漏

燕肃对潮汐的精确研究得益于他的另一项重大发明——莲花漏。

莲花漏，是一种刻漏计时器。在钟表出现以前，主要用刻漏计时，远在周朝我国已会制造这种仪器，以后各代都有制造并不断改进。

刻漏是利用滴水记时的原理制成，通常有两种形式：一种是记录它把水漏完的"泄水型"，另一种是底部无开口的窗口，注意它用多少时间把水装满的"受水型"。但自汉代以后，最初这一类型只有一个贮水壶，但壶中的水渐渐漏完，水面也随之逐渐降低，而产生水流迟缓现象，计时便不准确了。解决这一困难的办法是在贮水壶和受水壶之间加入一个或许多个补偿壶。但这样一来所有用壶数逐渐增加，系统就会显得笨重复杂。

燕肃经过多年实验，在天圣八年（1030年），莲花漏实验成功。这种漏壶因箭壶上有一铜制荷叶，叶中支一莲花，上端的刻箭形如莲蓬，故名莲花漏。

燕肃发明的莲花漏较旧刻漏有很大改进，它由上、下两个水池盛水，上池漏于下池，再由铜鸟均匀地注入石壶，石壶上有莲叶盖，一支箭首刻着莲花的浮箭，插入莲叶盖中心。箭为木制，由于水的浮力，便能穿过莲心沿直径上升，箭上有刻度，从刻度就可以看出是什么时刻和什么节气了。根据全年每日昼夜的长短微有差异，又把二十四节气制成长短刻度不同的四十八支浮箭，每一个节气昼夜各更换一支。这种刻漏制作简单，计时准确，设计精巧，便于推广。

燕肃每到一地做官，就把莲花漏的制作和使用方法刻在石碑上以方便人们使用，并制成样品加以推广，好多地方都用他的莲花漏来检验时间，结果相当精密。

由于燕肃的莲花漏只有两个壶，制作简单，设计精巧，计时准确，便于推广。经过多次试验之后，宋仁宗于景祐三年（1036年）颁行全国使用，得到了各方面的称赞。

各代的指南车是中国古代皇帝出行时仪仗车的一种，数量很少，规格极高，目的是增添皇帝的威严与排场。据传它为四五千年前黄帝时代发明的，到宋朝时，制造方法已经失传了，没有任何详细资料；记里鼓车，亦名大章车，远在晋朝时就会制造，后来也失传了。指南车、记里鼓车是我国古代用来测定方向和记录行程的仪器。指南车亦称司南车，指南车是用来指示方向的一种机械装置，它是利用传统的独辕双轮车制，与指南针无关。

燕肃长于机械，就决心使它们复原。于是，他根据简单的文献记载，重新进行设计。终于在宋仁宗天圣五年（1027年），复原了指南车和记里鼓车。

车上立一木人伸臂南指，不管车向什么方向转变，木人的手臂始终指向南方。指南车涂为赤色，上绘青龙、白虎及花鸟等图案，四角垂有香囊，制造十分精美。

指南车的创造，标志着中国在齿轮传动和离合器的应用上已取得了很大的成就，是我国古代的一项重要发明创造，而欧洲直到十九世纪才发现和运用这一原理，比我国晚了一千多年。指南车和记里鼓车虽然不是燕肃发明的，但他仅根据简单的文字记载就能把已失传且构造复杂的两件仪器复原出来，这说明，他的机械制造能力是很强的。

记里鼓车是古代一种能够自动计程的机械，它利用齿轮传动装置将车轮行走的里数反映出来，车每行一里，车上木人击鼓一槌，这与现代汽车上安装的里程表原理是一样的。

燕肃对欹器也进行了研究。欹器是利用重心原理发明的。"欹"原为倾斜之意，欹（qí）器，是一种灌溉用的汲水罐器，它是我国古代劳动人民在生产实践中的创造。欹器有一种奇妙的本领：未装水时略向前倾，待灌入少量水后，罐身就竖起来一些，而一旦灌满水时，罐子就会一下子倾覆过来，把水倒净，尔后又自动复原，等待再次灌水。

欹器早在周朝时就有了。据说，有一次孔子去周庙参观，见庙中有个欹器。孔子问道："这是什么器物？"守庙的人回答说："这是佑座器。"孔子说："我听说这种东西灌满了水就翻过去，没有水就倾斜，灌一半的水正好能垂直正立，是这样的吗？"守庙的人回答说："是的。"孔子让子路取来水试了试，果然这样，于是长叹一声说："唉，哪有满了而不翻倒的呢？"清朝皇帝让人在紫禁城里摆设欹器，是借欹器"满则覆，中则正，虚则欹"的特点喻世"满招损，谦受益，戒盈持满"的道理，并以此警戒自己，以利于自己的统治。

达·芬奇式的科学家

燕肃不仅博学多艺而且只知埋头苦干，从不宣扬自己。《海潮论》虽刻在石碑上，却未曾留下名字，是经过别人考证才知道是他的著作，充分表现了一个伟大的科学家的博大胸怀。

著名科学技术史家、英国人李约瑟，在他的《中国与西方的科学和社会》中说："燕肃是个达·芬奇式的人物。"作为欧洲文艺复兴时期的杰出代表，意大利的达·芬奇几乎是个"完人"。他是画家、寓言家、哲学家、音乐家、发明家、医学家、生物学家、地理学家、建筑工程师、雕塑家。而比达·芬奇整整早了461年的燕肃，则是画家、诗人、学者、音乐家、科学家、发明家、海洋地理学家、机械工程专家。

达·芬奇试图把一切对科学有益的东西都纳入绘画。燕肃则更体现了中国古代文人画家的基本素质，也侧重于是一位技术家，他甚至在十一世纪上半叶，就对天文、海洋潮汐和工程机械问题进行了精到的研究。

因此，从另一个角度来说，达·芬奇也是个燕肃式的人物。

第三章

苏颂——闻名世界的博物学家和科学家

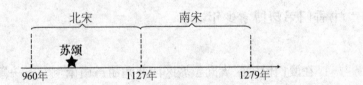

苏颂一生从政 55 年，历仕五朝，官至丞相。他博学多才，涉猎广泛，在天文、药物、文学、外交等多门学科做出卓著贡献。

《本草图经》：宋朝最完善最科学的医药书，是药物史上的壮举，领先于欧洲四百多年。

《新仪象法要》：全书以图为主，并附有说明，是世界上最早最完整的机械图纸。

水运仪象台：现代钟表的祖先。

书香门弟塑博学少年

在厦门同安区大同镇城区西北角葫芦山南侧，有一幢建筑，坐西北朝东南，占地面积约一千七百多平方米，整座祠堂呈现出典型的闽南建筑风格，祠堂前供奉着苏颂的塑像。这里便是苏颂高祖苏光诲始建于五代后晋开运年间（944—946 年）的府第，苏氏后世子孙世代居住在此。宋天禧四年（1020 年），苏颂便诞生在这个地方。

苏颂的母亲，是杭州知州陈从易的长女。陈从易是北宋的一代名臣，曾任荆湖南路转运使等很多重要的职务。陈从易博览群书，著有《泉山集》《中书制稿》《西清奏议》等书，在当时颇有名气。由于母亲生长于官宦知书达理之家，从小就受过良好的教育，所以母亲的言传身教，对苏颂的成长都起到了耳濡目染的作用。

　　苏颂的父亲苏绅初任宜州（今广西宜山县）推官（负责刑狱），后来曾任史馆修撰、翰林院学士、尚书礼部郎中、龙图阁直学士等中央和地方官职。苏绅博学多智，写得一手好文章。苏绅对苏颂更是要求严格，并担负起了亲自教育苏颂的责任。苏颂后来曾在"感事述怀诗"中，回忆父亲教他读书的故事：我昔就学初，髫童齿未龀。严亲念痴狂，小艺诱愚硕。始时授章句，次第教篇韵。蒙泉起层澜，覆篑朝九仞……意思是说我往昔读书的初期，那是在我留着乳发，牙还未换齐的时候，当时幼小的我就对新鲜事物有着强烈的好奇心，父亲看在眼里，喜在心头，他就用最简单的知识教导并开发我懵懂的心灵。父亲开始教我诵读章句，后来给我讲授篇章与音韵的知识。这些小时候的启蒙教育，就像涓涓的泉水涌起了我求知的波澜，我求知的欲望就像用一筐筐的黄土，渐渐堆起了万丈的高山……

　　无疑，苏绅是一位很成功的教育家。他不仅重视儿子的早期教育，而且还很懂得如何为苏颂创造一个优秀的学习环境。在苏颂十岁的时候，苏绅到京城任官，他就把苏颂带到了京城。在京城，苏颂开阔了视野，增进了见识。后来，苏颂的父亲每到一地任官，他做的第一件事就是要为苏颂请当地最好的教师，并且让他的各位叔父、当地的名人子弟与苏颂共同读书，以便互相切磋，砥砺前进。

　　苏绅虽然对苏颂施教严谨，但他并不一味教条地死守封建规法。当苏颂反对他的主张时，苏绅能够充分考虑年轻人的意见，并改变自己的决定，鼓励苏颂坚持正确的做法。宋代乾元节，父亲苏绅因为权高位重，按照当时的封建制度规定，朝廷可以选派他的一个儿子做官。苏绅就想让苏颂来做官，苏颂听到后，不仅自己不肯应承此事，还私下奉劝弟弟们一定要励志科举，以便凭自己的才能考取功名，而不要依靠父辈的庇护为官。最初，这件事气得苏绅大骂苏颂："你不仅轻视朝廷的法令，还要教唆两个弟弟，这是不忠不孝的行为！"可是等苏绅冷静下来之后，他又认为苏颂的决定是勇于进取的有为之举，内心不禁佩服起儿子情操的高洁。随后，他把三个儿子叫到跟前，大大赞扬了苏颂一番。

苏颂后来很怀念这段时光，他在《感事述怀诗》中对这一时期进行了详细的记载，他在诗中写道："十三从师友，群彦得亲近。箕裘裘素风，兰芷渐腴润。"意思是说从十三岁开始，他就有良师在教导，益友在伴读。最令他开心的事就是常常能够和那些俊杰之才在一起切磋、讨论，在学习的过程中，他不仅继承了先辈儒雅的风范，而且思想也成长得如兰芷般高洁丰润了。

良好的家庭教育以及苏颂的天资聪颖，使他后来在文献学、诗歌、散文、史学等领域都是行家里手。苏颂更是位"高产"诗人，仅收录在《苏魏公文集》中的诗歌就有五百八十七首，且多是律诗、绝句。长律多达一千四百字，可谓"律诗之最"，其中也不乏名篇佳作。治平四年（1067年）至元丰五年（1082年），苏颂两次出使辽国，这期间他根据自己的出使路线及所见所闻、所知所感，创作了《前使辽诗》三十首、《后使辽诗》二十八首，诗中详尽生动地记载了辽国的山川风光、道路交通、农牧特点及风俗民情等。

《前后使辽诗》就是他出使辽后写的上乘之作，诗词中具有现实主义笔触和真挚的情感。如《土河馆遇小雪》中有一句："人看满路琼瑶迹，尽道光华使者行"，细腻地表现了当时为使者送行的盛况和使者的高尚、复杂心理；《和就日馆》中的"戎疆迢递戴星行，朔骑奔驰束火迎，每念皇家承命重，愧才无誉副群情"，寥寥几笔就生动地记述了辽国使者迎接宋使的情形，同时也反映了诗人忧国忧民、惟恐任务完成不好的心情。此外，如描绘"青山如壁地如盘"的北国风光，"牧羊山下动成群"的劳动景象，"依稀村落见南风"的异国风情等，读后都能让人有身临其境之感。

这两组外交组诗，在宋人诗歌中可谓独一无二，除文学意义外，更具珍贵的史料价值。后来，他以宋辽外交往来的相关资料为基础，又编写了一部名为《华戎鲁卫信录》的书籍，为宋朝外交史留下了大量珍贵的文献。

为官五十载政绩斐然

宗仁宗宝元元年（1038 年），十九岁的苏颂参加省试。试题是《斗为天之喉舌赋》主考官是宰相盛度，盛度对苏颂的学识十分赞赏，并将其试卷列为上等之作。可是，苏颂的闻字四声用错，被复核试卷的考官查出，苏颂故未被录取。事后，盛度对苏颂的父亲苏绅说："贤郎已高中，而点检试卷者谓以声闻（去声）为闻（平声），为不合格，竟因一字之差未能中第，真乃憾事。"苏绅听后，唏嘘良久。可苏颂并未因此事而心灰意冷，他认为考官的做法是非常正确的，对待学术就必须要严格要求，即使是一字之差也要认真对待。

苏颂从失误中总结经验，吸取教训，决心励志自强，以不断增长才干。从那以后，他便奋起学习音韵之学，由于他的孜孜不倦，在古代训诂学中竟然开创了许多新的见解，以致苏颂成为了宋代最博学的人之一。比如在宋神宗元丰五年（1082 年），朝廷进行科举考试，有一个叫暨陶的人，因呼叫考生名字的考官对"暨"字的读音不准确，竟然没人答应。神宗环顾左右，只见群臣面面相觑，都不知所以然。无奈之下，神宗就询问当时也身为考官的苏颂，苏颂说"暨"字的读音错了，然后给出正确的读法，按苏颂的读音呼叫，暨陶果然出列。神宗很是赞叹，苏颂就顺便讲解了暨姓古代有何名人，生在何地，有何历史渊源等等，满朝无不叹服。

二十三岁那年，苏颂考中了进士，与后来在北宋政坛上叱咤风云的人物王安石是同榜进士。中进士后，苏颂便开始了他的仕途生涯。不久，他就被安排在安徽的宿州当"观察推官"，主管案件的审理工作。在苏颂二十七岁那年，父亲苏绅去世，享年四十八岁。父亲去世时，苏颂已经被调任为江宁县知县。为父亲守孝期满后，苏颂就在当时大文学家欧阳修手下为南京留守推官。由于他工作认真负责，深得欧阳修的器重和赏识。欧阳修曾和他父亲苏绅因政治见解不同，一度成为政敌，而苏颂却能审时度势，辨别是非，他没有因欧阳修是父亲的政敌而加以仇视，而是选择站在真理一边。由于表现突出，苏颂得到了欧阳修的高度赞扬。欧阳修曾这样夸赞苏颂："凡经苏颂经办的事，是精确审慎的，我可以放心，不必再检查了。"苏颂也非常虚心地从欧阳修身上学到不少学识和做人理政的本领，并尊欧阳修为师。渐渐地，在欧阳修的熏陶下，以及他自身的正直品格，苏颂养成了谦恭谨慎、廉洁公正的做事风格。这为他后来在长年从政的生涯中，坚持秉正为官、作风稳健，而最终成为一代政绩卓著、德高望重、清廉自律的社稷重臣和谦谦君子而打了坚实的基础。

不久，苏颂被朝廷提升为淮南转运使。当时欧阳修已经被贬为亳州刺史，没想到竟然成了苏颂属下的官员。有一次，苏颂出巡，路过亳州，欧阳修照例率领大小官员，出城迎接上司，欧阳修见到苏颂，躬身便拜，说："亳州刺史欧阳修，率属下官员，恭迎运使大人。"苏颂一见欧阳修，立即起身下轿，只见他端正衣冠、整理玉带，下跪叩头便拜州官，口中谦卑地说："恩师在上，晚生苏颂拜见。"这时候，他随从的大小官员都觉得非常惊奇，虽不明就里也只得纷纷陪同下跪，欧阳修赶快向前扶起苏颂，说："苏大人如此相待，下官怎当得起呀！"苏颂依然谦卑地说："这是理所当然的，古语说：'一日为师，终身为父！'苏颂能有今天，断不敢忘记恩师教诲深情，诸位大人请起，我们一同进城吧！"众官员和百姓们这才明白是怎么回事，不由得都为他位高不忘师的高尚品德所感动。在苏颂的内心里，他一生对欧阳修都是怀有深厚的钦敬之情的。欧阳修去世后，苏颂写给欧阳修的悼念诗词就是最好的例证："早向春闱遇品题，继从留幕被恩知。何期灅水缄书日，正是椒陵梦莫时。感旧绪言犹在耳，怆怀双泪漫交颐。谁将姓字题延道，共立门生故吏碑。"诗中表达了他对欧阳修的怀念之情。

由于苏颂为人处事谨慎沉稳，深受朝廷信任、百姓爱戴，故仕途一路平稳直升。宋神宗熙宁四年（1071 年），苏颂出任婺州（现浙江金华）知州。熙宁六年（1073 年），苏颂调任亳州（现安徽亳县）任知州。1075 年出任应天府知府兼南京（现河南宁陵以东除永城外地区）留守司。熙宁十年（1077 年），苏颂从地方回到京城，担任宋仁宗、宋英宗两朝正史一职，后来转为左谏议大夫。宋神宗元丰元年（1078 年），苏颂暂时担任开封府知府。

他在出任江宁县知县前，江宁县每年交纳的税收或多或少，这主要是地方官从中偶有"截留"现象造成的，也有的百姓瞒报、漏报人丁和田产。苏颂到任后，对这一现象特别加以关注。他在平时工作中，详尽地了解老百姓的户籍、地产等状况，并一一详细记录在案。到了秋天，他首先把自己的属下教育好，严禁官员"黑手"

现象的发生。然后，他亲自到收税现场监督工作。有一次，一个老百姓报出自家的收成后，苏颂突然插话说："你家还有一个男丁和山南的田产，你怎么'忘记'报了？"该百姓说："我没有'忘记'，而是我报的多，官家就收的多，往年都这样，所以我不敢报。"在场的官员一听，知道从前的所作所为在苏颂面前漏了馅，从此就再也不敢"伸黑手"了；一边的百姓听了，知道他们的情况都被官府所掌握，也不敢再做假了。

不久，苏颂又升迁为度支判官。一次，苏颂奉命送辽国使者返回，走到恩州（今河北清河）夜宿时，驿馆突然失火。这时州兵借口救火，实欲生事，危急中的苏颂非常镇定地毅然将他们拒之门外，指挥自己的部下迅速扑灭了大火。苏颂把情况报告到京师开封，这时宋神宗已继位，对这件事情宋神宗起初还不太相信，当苏颂出使回来后，将这件事入奏神宗，宋神宗这才相信，不久让苏颂任淮南转运使（负责淮南路的财赋，有督察地方官吏的权力）。

在淮南转运使任内，他见到因饥荒造成哀鸿遍野，饿殍遍地的惨景，于是立即上书，为百姓请求救济："我听说近日百姓受灾，望朝廷能开仓赈灾，如果灾民越来越多，想必物价就会飞涨。万一将来秋天庄稼又是没有收成，那么对于百姓来说，就真的没有安身之所了。这样下去，总不是一个能解决问题的方法，我认为存恤百姓之法，莫若先平稳物价，若物价平稳，则和赈灾是一样的道理，百姓常食贱价之米，那么将来就不会造成流民之患的问题。"他不仅想到荒年中对灾民的赈济，而且还想到赈救后物价如何保持平稳，流民如何归业安居等等，可以说苏颂是一位深谋远虑的政治家。

由于政绩显著，苏颂很快就被分派在馆阁编校文书，成为"京官", 而且一干就是九年。苏颂一向廉洁奉公, 对自己要求相当严格。在给皇家校理书籍的九年中, 俸禄较低, 自己和妻子儿女衣食不足, 还要赡养祖母、母亲、姑姊妹与外族数十人, 但他从无怨言, 和这些亲人相处得都很好。

1061 年, 苏颂自己打报告, 要求"外出"为官, 并得到朝廷的批准, 随后就被派到颖州出任知州。

知州是一州的长官, 钱、粮、工、刑等重要职权都由知州掌管。苏颂在颖州一干就是三年。在这期间, 宋仁宗驾崩。为了给仁宗修建陵墓, 朝廷向全国发出急令, 要求各州府按照朝廷出列的单子征集财物。一时间, 征调物资十万火急, 很多地方官员也乘机敲诈勒索, 都想发一笔横财, 以致百姓们一时怨声载道。见此情景, 苏颂立即上书朝廷, 说道: "仁宗皇帝的遗诏中, 要求皇陵建设一律从简! 现在, 按照朝廷的指定征集物资, 有的物资本地根本不出产, 而朝廷却要强行征集, 这不是强行给百姓增加困难, 让百姓对朝廷心生不满吗?"

苏颂一边上书为百姓请命, 一边采取变通的办法: 凡是颖州本地有的物产, 他就按照圣旨征收; 如果本地没有的, 他就以政府名义向别的地方采购。结果, 不仅任务完成了, 老百姓还不知不觉帮了忙, 百姓知道以后, 都感激苏颂爱民如子, 对他更是百般爱戴。

当时各地又在争修寺院, 皇帝也滥赐匾额, 这极大地加重了百姓经济负担。苏颂又挺身而出为百姓请命, 请求对违法而建的寺院尽行拆毁, 并允许各地百姓前来购买。

元丰年间, 实行改革官制, 这项举措是神宗与王安石的改革措施之一。元丰四年, 苏颂被皇帝召回吏部做改革官制的工作。他积极参加了官制改革, 在革除宋代官、职和差遣的弊病方面, 做了大量有益的工作。宋代的官职分官、职、差遣。官用于寄禄，相当于现在的行政级别，仅用于确定待遇，宋代官名和拥有实权大多数情况下是无关的，部分有实权的官又叫做职事官，用以区别寄禄官。职是指馆职（昭文馆、史馆、集贤院，秘阁等的职位），加上些虚衔如大学士，学士等，来表示高级文官的清贵地位。差遣才是真正的职权所在，一般都带有"判、权、知、直、监、提举、提点"等字，理论上算是临时性的职务。光有官名而没有差遣，就好比今天的处级科员一样，待遇上去了但毫无实权。只有差遣为实职，可行使权力。这样就造成了官称与实职不相符，机构混乱，冗员过多等弊病。

苏颂在这方面提过许多具有建设性的意见，他提出把发放青苗钱的提举常平司归各路转运使管辖，这样，不致政出两门，出现使州县长官无所适从的状况。为增强国防力量，苏颂支持王安石改革军制的新法，新法主要推行省兵法、将兵法、保甲法和保马法。省兵法，即简编并营，裁减老弱残兵。将兵法，即改变兵将分离的情况，使武将对所率部下有统御之权及指挥作战之权。

宋神宗熙宁年间，为了拉拢人才、聚集力量推动变法，王安石请求神宗破格提拔一位名字叫李定的地方官员来助他变法，神宗一口答应了，然后下旨命担任中书舍人的苏颂起草破格提拔任命书。苏颂接过圣旨一看，这种提拔显然不符合"破格"的条件，就把神宗的圣旨封好，并说明原因，原封不动地给退了回去。神宗见状，就把圣旨再次发到中书部门，命轮流值班的宋敏求起草。结果，宋敏求也觉得不符合"破格"规定，也将皇帝的圣旨封退了。经王安石的强烈要求，神宗第三次将圣旨发往中书部门，结果又被轮流值班的第三位中书舍人李大临封退。三名中书舍人一致表示："宁可被撤职，也不做这种违反'组织程序的事'!"

聪明的神宗感到这种办法可能行不通，就干脆直接召见苏颂，向他一再表明"破格"任用李定，"不是违背法令的事情"，指令苏颂"速速拟定草案"。但苏颂听后，无动于衷，就是不动笔。宋神宗见软的不行，就来硬的，说道："这一份任命诏书，这么长时间都没有制作出来，做为臣子如此拖延朝廷大事，按照法令，这难道不是有罪的吗?"苏颂却不卑不亢地说道："坚持祖上的规制，这才是为臣的操守!"圣旨就这样无声无息地被第四次封退。尽管如此，宋神宗也并没有气馁——他想出一个办法，派宰相曾公亮去劝说苏颂，以赶快拟定任命书加快改革的进度，可是没想到，圣旨又照旧被苏颂给退了回来。这下，宋神宗可是忍无可忍了，他龙颜大怒，大声地斥责道："轻侮诏命，翻复若此，国法岂容!"于是，就将苏颂、李大临、宋敏求等三人"中书舍人"的职务给一一撤消了。苏颂重新回归到工部任郎中。虽然被撤职，便苏颂一直觉得自己的做法是正确的，他几次拒绝草诏，也都有自己正当的理由：第一，破格提拔李定违背朝廷法令，而官吏的任命是必须依法而行的。第二，李定不够破格提拔的标准，此人为官很平庸，从来没有优良的政绩，朝廷绝对不能因为其偶有表奏称心，就破格提拔。第三，他认为完全可以先做一般性的提拔，放在皇帝身边考察一段时间，如果真有奇谋高才，再破格提拔，委以重任也不迟。苏颂的这些意见虽然不称皇帝的心思，但却是十分诚恳的，对国家法制的遵守与建设也是十分必要和有利的。

这就是北宋历史上著名的"三舍人事件"。

苏颂被撤职不久，又被重新起用。熙宁六年（1073年），他被派到安徽亳州任知州——这是他一生中第三次来安徽任地方官。

　　在安徽，有个大户人家的女子因犯法而被判处杖刑，但她却生了病，不能受刑。十天之后仍然没有痊愈，当时的簿邓元孚就对苏颂说："您这样高明，不能被一个小女子欺骗，告诉医官依法检察，不就行了吗？"苏颂听了，对邓元孚说："任何事情都有公道，如果告诉医官，医官自然会根据官府的意思行事，那在言语的轻重上，也自然是来自官府一贯的作风，如果这个女子因为我们去强行检察而导致病情加重或致死，我们这样做难道会心安理得吗？"后来那个女子病死了，苏颂的话果然是有道理的，邓元孚对此事非常惭愧，更加佩服苏颂的胸襟。

　　不久，苏颂又被加官为集贤院学士，当时身为副宰相的吕惠卿深受宋神宗信任，吕惠卿对别人说："苏颂是我的同乡，比我早登进士，如果来见见我，他就可以执掌政事了。"苏颂听说这话以后，只是笑了笑，并没有去巴结他。这时恰遇到三次赦免，与苏颂一同罢去中书舍人的李大临又官复原职，苏颂被任命秘书监一职。不久杭州地区发生了灾荒，宋神宗认为苏颂仁厚，就派苏颂去杭州。苏颂来到杭州后，有一天，衙门外一百多人向他哭诉，原来他们是因为欠了官债被关押起来的。苏颂听后，思索片刻，说："我把你们都放了，让你们回家去经营，条件是除衣食之外的余钱都交来偿债，给你们一个月的时间，这样可以了吧？"然后就吩咐放了这些人，果然，不到一个月，他们都按期偿付了欠债。

　　在苏颂担任地方官阶段，他总是关心民生，体恤百姓，尽其所能地"惠爱于民"，以致神宗皇帝对他赞赏有加："苏颂仁厚，必能抚安民众。"

　　苏颂以民为本的思想及关爱百姓的情怀，还反映在了他创作的不少诗歌之中。如他因暴雨肆虐、农田受灾而哀愁，他写道：*滂沱*

连月雨，愁叹斯民病。已妄四时和，更伤群物性。垄麦将萎摧，况值风威劲。我愿天地心，慎举阴阳柄。庶令疵沴消，永保寒暑正。无复三月中，惨惨行冬令。在《次韵王伯益同年留别诗》中，他对百姓的挚爱之情更是溢于言表：直向岁寒期茂悦，肯同时俗论甘辛。优游且做江南令，惠爱于民此最亲。

实际上，苏颂在处理宋朝政府事务时，总是显示出他作为一个科学家严谨治学的行事风格。比如他在任江苏江宁知县期间，他清查富户漏税的行为，不仅核实了每家每户的庄稼产量，而且还把每家每户都一一编成户籍，并按册进行收税，这样既增加了国库收入，又减轻了穷人的负担；在他被调任颍州任知州，朝廷开始大幅度地修建皇陵，并从各州县调拨大批物资时，各州县官员们想到的只能是不断给百姓增加捐税，这也就给那些腐败的官员们创造了从中大捞一把的机会。可是，苏颂不但没有侵扰颍州百姓，还从州库中拨出官款来救济百姓；担任南京留守时，他也秉持"为官一任，造福一方"的做事风格，他十分注重当地的水利设施建设，在对开封府界诸县镇视察后不久，马上奏请疏通自盟、白沟、圭河、刀河等四条河流，以防水灾；在沧州时，疏通沟河、支家河等工程，解除了黄河泛滥给百姓带来的灾难；在杭州知州任内，将凤凰山的泉水引入市区，这恐怕是当地最早饮用的"自来水"了；在淮南转运使任内，盐价上涨，又赶上一场饥荒，苏颂不仅降低盐价，还上书为百姓请求救济。

在处理民族关系方面，苏颂也取得了很好的成绩。在苏颂参与的五次外交事务中，或官大或官小，但他从不因职务的差别、地位的尊卑而影响他行事的风格，他总是能够遇事镇静、随机应变、举止得体、分寸有度，对于每次出使他都不辱使命。苏颂一生，两次使辽，每次出使辽国往返时间多达四个多月；三次任接待辽使的伴使，苏颂首次使辽，是在宋英宗治平四年（1067 年）八月丁卯，以三司度支判官身份，与张宗益等一同出使辽国的，时年 48 岁，途中他写下前《使辽诗》三十首，主要记述他的所见所闻及抒发对老友的怀念之情。苏颂第二次使辽，为十年后宋神宗熙宁十年（1077 年）八月，他以龙图阁直学士、给事中（秘书监兼集贤院学士）身份，作为大辽国的生辰国信使，和英州刺史姚麟等出使辽国，参加辽道宗的生辰庆典。往返途中写下后《使辽诗》二十八首。由于时过十年，旧地重游，感慨万千，不仅记述了辽国隆重的接待，而且用大量篇幅描绘了在和睦友好相处下，辽国人民悠闲、安逸的生活，歌颂和平睦邻政策的可贵与正确。

在出使辽国期间，他还不失时机地搜集整理了关于辽国的政治制度、经济实力、军事设施、山川地理、风土民情、外交礼仪的资料，并根据宋辽两国的实际情况，提出了与辽朝和睦修好的政策，由此坚定了宋朝对辽推行友好政策的信心，换来了数十年的宋辽和平时期。

回国后，苏颂根据自己对辽国政治、军事、社会等方面的认识，为朝廷的外交决策建言献策。对此，《宋史·苏颂传》有所记载，当皇帝神宗问及辽国的“山川、人情风俗”时，苏颂认为：“彼讲和日久，颇窃中国典章礼义，以维持其政，上下相安，未有离贰之意”，意思是说辽国和中国讲和已经很久了，他们不仅懂得中国的典章礼仪，而且还对礼仪大力推行，目的是为了维持他们的政权，以求得上下相安，到目前为止，我还没有看出辽国和我们中国离心离德的意思。他认为只有宋、辽两国继续和平相处下去，才能社会稳定，国泰民安。并根据宋、辽两国的实际，提出与辽朝和睦修好的外交政策，深得皇帝的赏识与赞同，坚定了宋朝对辽推行友好政策的信心。

宋神宗元丰二年（1079 年），国子博士陈世儒被从京都开封派往安徽太湖任知县，但很快就被召回京城，连妻带妾及佣人，一家共 19 人被杀头，7 人被判处死缓，原因是谋害亲生母亲张氏，其手段残忍，先施毒药，后用铁钉钉在脑门上；而谋害张氏的直接原因可能是陈世儒妻子李氏对一群佣人说的："世儒如果哪一天回来持丧，定会重赏你们的。"子女谋杀长辈，在宋朝被视为"大恶不赦"的罪行，按照法律规定，将被处枭首示众（"弃市"）。陈世儒夫妇的"谋杀生母"案件，很快被移送到开封府知府苏颂的案牍上。

宋神宗认为陈世儒与妻子李氏可能合谋杀母，指示一定要查清楚，苏颂则大胆谏言，告诫宋神宗不应该以权干预司法，弄得宋神宗一时语塞。苏颂审理这一案件后，认为陈世儒的妻子李氏、女佣高氏谋杀张氏的事实存在，但陈世儒"不知情"；在那个年代，虽然妻子犯罪丈夫有责，但"法不至死"。说来蹊跷——正当此时，有人告了苏颂一状，说他此前在处理一起僧人犯法案件时，量刑过轻，有"故纵"的嫌疑。一名纪检大臣将此事告到皇帝那儿。经查证，僧人犯罪确有其事，但量刑过轻也是事实，这样，就把苏颂贬到濠州（安徽凤阳）当知府，由京官降为地方官，远离了陈世儒这起案件。这之后，陈世儒的案件被移往大理寺，案情也越来越复杂了。

随着事态的不断扩大，陈世儒案竟然变成了一桩政治案件，涉及面之广，牵涉人之多，令人咋舌，就连陈世儒案最早的主审法官，坚持陈世儒无罪的苏颂也未能幸免。

苏颂当时被关在御史台监狱。其间，神宗皇帝召见他，语重心长地说："陈世儒夫妇谋杀生母，属于严重违反人伦道德的'大恶'，应当严处"。苏颂回答道："案件现在已经被移交到御史台，臣对此固然不敢说从宽处理的话，但也绝不敢说可能导致案件从重处理的意见。"面对皇帝，苏颂照旧阐明其实事求是的态度。

大理寺官员提审苏颂，说："你还是早早地说出来吧，免得多受困扰。"苏颂正色说道："该说的，我都说了；要我说本来没有的事，不是诬陷吗？诬陷别人，我是死也不会干的；诬陷自己，那倒没什么妨碍。"后来经大理寺查明，在审理陈世儒案件时，苏颂并没有受到任何干扰。可事已至此，苏颂依然莫名其妙地被关押着。此时，苏颂自叹："失势我如鱼在网"，并写了十首诗，其中有这样的诗句："虚构为实尽枝辟，直道公心自不欺……况是圣神方烛理，深冤终有辨明时。"他认定陈世儒案中是有"冤情"的，并坚信这一冤情迟早能得到"辨明"。苏颂感慨地说道："我将这些事写成诗，并不指望后人把它当诗歌看，而仅仅是希望传给子孙，让他们略知仕宦之途的艰辛。"

苏颂为了维护正义，主持公道，保护百姓利益，他不怕丢官，不怕杀头。苏颂因陈世儒一案下狱，与当时因诗词受到牵连的苏东坡关在一起，仅一墙之隔。铁窗生涯使他体验了封建法制的逼供与严苛，这对苏颂的法律思想有极深刻的影响。后来苏颂在他的文集中，留下了《论胡澎释名》《同两制论祖无择对狱》《奏乞春夏不断大辟》等二十多篇专论法律的文献和两组身陷囹圄的咏法诗，在这些奏议与诗歌中，他充分地阐述了自己对法律的看法和对宋代法滥吏苛的不满。他提出的"简化条文，使民易知"，"省刑减杀，劝教为先"，"因时而施宜，视俗而兴化"等有关法律的主张，虽然是为了巩固宋王朝的统治，但在客观上更加有利于民众，也更加有利于生产发展，是值后人借鉴并进行深入研究的。

1092 年，苏颂因政绩突出，被拜为右宰相，这也是他一生政治生涯的顶峰。苏颂做了宰相之后，他的原则是按照国家的典章制度办事，让百官都要守法遵职。根据官员们的能力大小授以相应的职务，杜绝侥幸升官的源头，防止边疆上的一些重臣邀功生事。朝廷上如果有处理不妥当的事情，他就会力争纠正过来。

1093 年，苏颂因为替一位敢向皇帝进谏的官员说话，而被其他官员作为攻击对象，苏颂就向宋哲宗上章辞相，后来被降为观文殿大学士闲职。

1095 年，宋哲宗又要调苏颂去河南，此时，苏颂已经是 75 岁的高龄。苏颂因身体的原因上书辞官了。朝廷就让他以太一宫使的闲职留居在京口（今江苏镇江）。

1097 年，苏颂再次要求辞官还乡，被准以从二品的待遇退休。

苏颂从 1042 年中进士起，到 1097 年告老还乡，度过了五十多年的官场生涯。在这五十多年中，北宋皇朝经历了多次的党争。

第一次是 1069 年，宋神宗在位的时候，任用王安石为相，主持变法。第二次是 1085 年，宋神宗死后，宋哲宗继位，年仅十岁。因皇帝幼小，朝中大事实际上由神宗母高氏（即宣仁皇后）临朝听政。这个时期，把变法时期的重要人物全被罢免，新法全部废除。第三次是宣仁皇后去世，由哲宗亲政，哲宗任用变法派的一批重要成员，准备继承宋神宗时期执行的新法。但事实上，变法派与反变法派的斗争，越来越多地陷入了个人恩怨的斗争中。

苏颂在这样一个政局并不稳定的历史时期中，始终未参与这种党争。作为一个实干家，他也未曾对新旧两党的政治主张发表过战略性的意见。

1101 年，苏颂在润州（今江苏镇江）去世。宋徽宗下诏停止上朝两天。苏颂死后，很多人来他家吊唁，当人们看到他家中设施的朴素，无不心生敬佩。

苏颂的一生，不仅政治清廉，爱民如子，道德高尚，志存高远，而且具有创新开拓精神，敢为天下先。他为官五十载，以政治家立身，位居人臣之极——丞相；他恪守法规，不奸不贪，两袖清风，堪称官宦的楷模。就连强调个人道德品行近乎苛刻的南宋著名理学家、思想家、哲学家朱熹，也对他盛赞、仰慕不已。

编撰我国最早最完整的医药专著——《图经本草》

宋仁宗皇祐五年（1053 年），苏颂调升任国史馆集贤院管理员，在这任职的九年时间里，由于工作的便利，他每天都能接触到皇家收藏的许多重要典籍和资料，其中有不少是稀世珍本。苏颂对这项工作相当满意，对这些资料他也非常感兴趣。由于他从小受到严格的教育，养成了珍惜时间、刻苦学习的良好习惯。他的父亲苏绅有一套记忆的方法，他的继承家传的基础上，更有发展。苏颂的博闻强记已经达到记本朝的典故可以日月不差的程度。就这样，他以惊人的记忆力，每天背诵两千字文章，回家后再将它默写并记录在案，以便保存下来。就这样，他从不间断，积沙成塔，经过长期的积累，苏颂的学识变得越来越渊博。后来在《宋史·苏颂传》中，就称他精通"经史、九流百家之说，至于图纬、律吕、兴修、算法、山经、本草，无所不通，尤明典故"，可见一斑。

在这九年之间，苏颂还与掌禹锡、林亿等编辑补注了《惠佑补注神农本草》（简称《嘉佑本草》），校正出版了《急备千金方》等书。为了改变本草书中混乱和谬误的现象，他建议："诸州县应将产药的地区详加记载，并命令会识别草药的人去那里仔细辨认草药的根、茎、苗、叶、花、实，形色、大小，还有虫、鱼、鸟、兽、玉石等能够入药用的材料，然后逐件画图，并一一说明开花、结果、收采时的月份及所用功效。"这个建议得到了朝廷的采纳，朝廷委任他编撰《图经本草》。经过四年的艰苦努力，在嘉佑六年（1061年），苏颂编撰完成了《图经本草》二十一卷。

《图经本草》在药物学上具有重大的价值，当时，唐朝《新修本草》的药图和《天宝单方药图》以及韩保升《蜀本草》的药图都已经不复存在了。《图经本草》在这种情况下诞生，可见其意义更加重大。《图经本草》一书不仅对药性配方提供了依据，而且对历代本草的纠正错误作出了新贡献，特别是使过去无法辨认的药物可以通过此书确认无误。如牛膝，《神农本草经集注》说："其茎有似牛膝，故以为名。乃云有雌雄，雄者茎紫色而节大。"乍一看，很难判断出这是什么植物。《图经本草》则写得十分具体："春生苗，茎高二三尺，青紫色。有节如鹤膝，又如牛膝状，以此名之。叶尖圆如匙，两两相对于节上，生花作穗，秋结实甚细。"

这样，人们就完全可以根据匙形对生叶、细实穗状花、节部结牛膝三大特征，断定为苋科植物牛膝。又如"贝母"一药，《神农本草经》中记载贝母可以当做药材来用，但并没有记载它的形态特征。《唐本草》记载贝母的形态为"叶似大蒜"，但语焉不详。而《本草图经》则这样记载：贝母"根有瓣于黄白色"，"二月生苗茎细青色，叶亦青似荞麦叶，随苗出，七月开花碧绿色"，描述得既具体又易于辨认。在其中的"甘草"条中，不仅描述甘草的形态特征，还记载了《伤寒杂病论》中有关甘草的配方与治疗病症；在"蒲公英"条中，引述了《千金要方》治疗恶刺与狐尿刺的配方；在"知母"条则引述了《救急肘后方》治溪毒的配方。

苏颂在编撰《图经本草》的过程中非常重视各地所报材料中的民间实际医疗经验。这部书与前代的本草著作相比，增加了六十多种新的药物。这些药物大多数是各地民间发现的有效药物。为编写《图经本草》，苏颂还带领相关人员进行了全国性的草药普查，这样无形之中就扩大了药源。如菟丝过去从朝鲜进口，现在竟然知道了知冤句（山东荷泽）也产此药。奚毒从前的资料记载只有河南嵩山有少量出产，而从提供分析的样品中才知道四川原来也有，等等。

在校正医书所参加的实际编撰工作中，因工作需要，苏颂征集了大量的医书，其中有不少宝贵的珍本、善本，还有一些其他类的好书。中医药学本身就具有博物学的性质，更何况要从事中医药学就必须要参考大量的医书和其他的相关著作，所以，苏颂利用自己的有利条件，在《图经本草》中缉录了一些已经失传的重要医书药方，这不仅保存了一些重要的医学文献，在人类的文化史上还具有珍贵的文献学价值。譬如：书中引用了相当一部分汉晋隋唐各代的医方，如在人参条目下，引用了汉代张仲景治疗胸症的理中汤，南北朝胡洽治疗霍乱的温中汤、四顺汤等药剂。四顺汤在晋葛洪《抱朴子》和唐王焘《外台秘要》所引的《小品方》中都有记载，说明它在六朝时对治疗霍乱有很重要的作用。

此外，《图经本草》还十分重视药物的实用性，把药物和方剂紧密地结合在一起，进行分析、综合对比。在《图经本草》问世以前，虽然六朝和唐代的医书药方很多，也有一些重要的医药著作，但是，药物和方剂著作却是分别著成的，《图经本草》是最早把医药著作与方剂放在同一部书中叙述的医书。

在每一种药物的最后，基本上都附上用这种药为主要成分的方剂。这些方剂大多包括病因、病位、症候、病程、预后及处方、制剂方法、服法、疗效等内容，为后世保存了大量宝贵的医药资料。《图经本草》开创的这种以药带方的医药学体例，被以后的历代医药学家所继承。明代的李时珍就受到《图经本草》的影响，在他撰写的《本草纲目》中，每味药之后，都以"附方"为目，并详细列举有关的方剂，使人一目了然。

《图经本草》在生物学上也有较大贡献。如书中对动植物形态进行了准确生动的描述：乌贼鱼，"形若革囊，口在腹下，八足聚生口旁，只一骨，厚三四分，似小舟，轻虚而白。又有两须如带，可以自缆，故别名缆鱼。"真切形象地反映了头足纲乌贼科动物的特点，使人读了印象深刻。

《图经本草》在矿物学与冶金技术方面更是有一定的贡献。关于钢铁冶炼的工艺过程有生动的记载："初炼去矿，用以铸泻器物者，为生铁；再三销拍，可做鑐者，为镭铁，亦为之熟铁；以生柔相杂和，用以做刀剑锋刃者，为钢铁。"这简要描述了宋代三种钢铁的冶炼方法及其不同功用。再比如对炼银的方法记述说："银在矿中与铜相杂，土人采得，以铅再三煎炼方成。"对灰吹法炼银的工艺说："其初采矿时，银铜相杂，先以铅同煎炼，银随铅出。又采山木叶烧灰，开地作炉，填灰其中，谓之灰池。置铅银于灰上，更加火大煅，铅渗灰下，银住灰上，罢火，候冷出银。"这也是中国文献史上关于灰吹法炼银的最早最详尽的记载。

总之，这部书引用了以往文献二百多种，集中了历代药物学著作和中国药物普查之大成，书中详细记载了三百多种药用植物和七十多种药用动物或其副产品，以及大量重要的化学物质，并新增药物百多种，附单方千个，并一改过去本草著作的单纯药物学性质，将其提升到博物学的高度。明代李时珍撰写《本草纲目》，便得力于《图经本草》，他对《图经本草》不仅赞扬有加，还大量旁征博引。英国科学家李约瑟评价《本草图经》说："苏颂是中国古代和中世纪最伟大的博物学家和科学家之一。他在 1061 年撰写的《本草图经》是药物史上的杰作。"确实，《图经本草》的成书，是世界药物史上的壮举，领先于欧洲四百多年。李约瑟还认为"在欧洲，把野外可能采集到的动植物加以如此精确的木刻并印刷出来，这是直到十五世纪才出现的大事"，而十一世纪《图经本草》就已问世，在同类医学著作中自然名列前茅。

同时，《图经本草》一书对历史地理、自然地理、经济地理等方面也有记述，该书对动物化石、潮汐理论的阐述，也都在相应学科中占有领先地位。可见，《图经本草》的科学贡献是多方面的，这还有待于我们进一步地研究和发掘。

发明制作世界上最古老的天文钟——水运仪象台

浑天仪是浑仪和浑象的总称。浑仪是测量天体球面坐标的一种仪器，而浑象是古代用来演示天象的仪表。它们是我国东汉天文学家张衡所制的。在继承隋唐五代以来历法成就的基础上，北宋时期的天文技术人员对历法差失的原因已经有了较为明确的认识，其中认识之一就是认为，日月星辰的运动，随着岁月的流逝，积累的误差就会显现，因此，以原来的历法考校就会有差失，历法也就必须做相应的变更。宋神宗熙宁七年（1074 年），皇帝命沈括对旧浑仪进行改造。沈括带领一批技术人员，先是取消白道环，然后校正浑仪轴，虽然取得了很大进步，但熙宁八年（1075 年）颁行的《寿元历》等均不尽如人意。沈括上书朝廷，要求制作精密观测仪器。因为观测数据和推算方法是编制历法准确度的关键，而观测数据的准确度又取决于观测仪器的精度。1086 年，苏颂奉命检验当时太史局使用的各种浑仪，他想到沈括的建议，同时他也觉得应该有表演天象的仪器和浑仪配合使用，于是他向皇帝奏请要研制一种浑仪、浑象和报时装置结合在一起的大型天文仪器。

虽然有了主持修撰医书的组织经验，并且苏颂儿时就对天文极感兴趣，时常把玩家中收藏的浑天仪小样，并渐渐心有所悟；他于历法也有研究，十六岁便作有以天文历法为内容的《夏正建寅赋》；参加进士科考那年，试题为《历者，天地之大纪赋》，结果苏颂名列第一。尽管如此，苏颂内心却十分清楚，这次所担当的重大任务，显然比修撰医书更为艰巨。

苏颂接受这项科技工作后，首先是四出走访，寻觅人才。他发现了吏部令史韩公廉通晓《九章算术》，而且还通晓天文、历法。苏颂立即奏请朝廷，请求调韩公廉专门从事水运仪象台的研制工作。接着，他走出汴京到外地查访，发现了在仪器制造方面学有专长的寿州州学教授王沇之，随后他又考核了天文机构的原工作人员。最后，他奏请朝廷把优秀的人员调到天文机构或留在天文机构，以此来协助韩公廉工作。

苏颂领导科技工作的一大特点就是能深入钻研业务，力求精通他主管的工作。嘉佑初年领导编写医书时，他就首先研读了从《内经》到《外台秘要》的历代医药著作，并亲自校订了《神农本草经》等多种典籍，使自己通晓了本草医药知识。在这次领导研制水运仪象台期间，他对两汉、南北朝、唐、宋各代的天文著作和仪器也作了研读与考察。他还勤于向自己的下属学习，如向韩公廉请教历算，与局生亲量圭尺，和学生躬察漏仪。由此，他从一个对天文仪器、机械设计、本草医药知之不多的外行，变成了名副其实的专家。

苏颂对研制工作也是慎之又慎的，他认为，有了书，做了模型还不一定可靠，还必须做实际的天文观测，这样才能进一步向前推进，同时也能避免浪费国家资财。经过多次实验证明韩公廉的设计很是精确，于是在元佑三年五月造成小木样呈进皇帝，并拿到都堂上检验。宋哲宗指派翰林学士许将等进行试验和鉴定。元佑四年（1089 年）三月，许将向朝廷报告："臣等昼夜校验，与天道不差。"这时苏颂才开始正式用铜制造仪器。

水运仪象台的构思广泛吸收了以前各家仪器的优点，尤其是吸取了北宋初年天文学家张思训所改进的自动报时装置的长处；在机械结构方面，采用了民间使用的水车、筒车、桔槔、凸轮和天平秤杆等机械原理，把观测、演示和报时设备集中起来，组成了一个整体，成为一部自动化的天文台。它是中国古代的卓越创造。其中的擒纵器是钟表的关键部件。因此，英国科学家李约瑟等人认为水运仪象台"是欧洲中世纪天文钟的鼻祖"。整座仪器高约 12 米，宽约7 米，是一座上狭下广、呈正方台形的木结构建筑，其中浑仪等为铜制。全台共分 3 隔。上隔是个板屋，中放浑仪；下隔包括报时装置和全台的动力机构等；中隔是间密室，放置浑象。

整个水运仪象台相当于一幢四层楼的建筑物，最上层的板屋内放置着一台浑仪，屋的顶板可以自由开启，平时关闭屋顶，以防雨淋，这已经具有现代天文观测室的雏型了；中层放置着一架浑象；下层又可分成五小层木阁，每小层木阁内均安排了若干个木人，五层共有 162 个木人，它们各司其职：每到一定的时刻，就会有木人自行出来打钟、击鼓或敲打乐器、报告时刻、指示时辰等。在木阁的后面放置着精度很高的两级漏刻和一套机械传动装置，可以说这里是整个水运仪象台的"心脏"部分，用漏壶的水冲动机轮，驱动传动装置，浑仪、浑象和报时装置便会按部就班地动作起来。

其次，水运仪象台顶部设有九块活动的屋板，雨雪时可以防止对仪器的侵蚀，观测时可以自由拆开。水运仪象台的活动屋顶是现代天文台圆顶的祖先。所以，苏颂与韩公廉又是世界上最早设计和使用天文台观测室自由启闭屋顶的人。

水运仪象台是总结、继承和发展了我国在天文学和天文仪器技术方面卓越的科技成就，它把"仪、象、钟"三者合一，堪称世界上最早的天文钟，其中浑仪的四游仪窥管、水运仪象台顶部的九块活动屋板、擒纵控制枢轮的"天衡"系统等三项为世界首创，在我国和世界科技史上都占有重要的地位。国际上对水运仪象台的设计也给予了高度的评价，认为水运仪象台为了观测上的方便，设计了活动的屋顶，这是今天天文台活动圆顶的祖先；浑象一昼夜自转一圈，不仅形象地演示了天象的变化，也是现代天文台的跟踪器械——转仪钟的祖先；水运仪象台中首创的擒纵器机构是后世钟表的关键部件，因此它又是钟表的祖先。苏颂等人所造的水运仪象台也堪称中国科学技术史上非凡的创举，它设计巧妙、结构复杂，尤其在天文学和仪表制造方面成就更为显著，它同时拥有多项世界首创的荣耀。同时，从水运仪象台可以反映出中国古代力学知识的应用已经达到了相当高的水平。

　　苏颂水运仪象台完成后，在开封使用了三十四年。可是，让苏颂意想不到的是，在他去世二十多年以后，金兵打下开封，北宋灭亡，水运仪象台等天文仪器和北宋皇朝的大批图籍宝器被金兵缴获，被长途跋涉搬到了燕京（今北京），金兵把水运仪象台的零部件都拆了下来，原想把仪象台迁运燕京然后再重新装配使用，但由于经过长途搬运，一些零件已遭损坏或散失，又缺少有经验的能工巧匠，又因开封和燕京地纬度不同，地势差异，重新组装的水运仪象台从望筒中窥极星，要下移四度才能见到，连一般观察也不能进行了。

　　水运仪象台毁坏后，其影响依然存在。金与南宋都想再把它复制出来，秦桧就曾派人寻找苏颂后人并访求苏颂遗稿，还请教过朱熹，想把水运仪象台恢复起来，可是苏颂遗存的手稿因无人理解其中方法，以致无人能仿造，复制水运仪象台的事情经过历朝历代也始终没有成功。1958 年，中国考古学家王振铎最先复原水运仪象台模型，并发表《揭开了中国"天文钟"的秘密》论文并绘制复原详图存世。该复原原件存放于中国历史博物馆；近年主要由苏州市古代天文计时仪器研究所复原并送至各地科技馆或天文馆收藏。从此，水运仪象台只能作为史书上的记载见证着中国古代天文仪器和机械制造所曾经达到的一个高峰。

　　李约瑟在深入研究了水运仪象台之后，曾改变了他过去的一些观点。他在《中国科学技术史》中说："我们借此机会声明，我们以前关于'钟表装置……完全是十四世纪早期欧洲的发明'的说法是错误的。使用轴叶擒纵器重力传动机械时钟是十四世纪在欧洲发明的。可是，在中国许多世纪之前，就已有了装有另一种擒纵器的水力传动机械时钟。"

编撰我国现存最早的古代科技专著——《新仪象法要》

水运仪象台代表了中国十一世纪末天文仪器的最高水平，它具有三项令世界瞩目的发明，首先它的屋顶被设计成可开闭的，是现代天文台活动圆顶的雏型，其次，它的浑象能一昼夜自动旋转一周是现代天文跟踪机械转移钟的先驱；此外，它的报时装置能在一组复杂的齿轮系统的带动下自动报时，报时系统里的锚状擒纵器是后世钟表的关键部件。

为了详细介绍了水运仪象台的设计和建造情况，苏颂把水运仪象台的总体和各部件绘图加以说明，这就相当于苏颂为水运仪象台作了一个设计说明书。1096 年，苏颂完成了他的《新仪象法要》一书，此时，他已经是七十六岁高龄的老人了。

《新仪象法要》是一部具有世界意义的古代科技著作。这部不足三万字的著作，记下了中华民族古代的许多光辉成果，这是我国也是世界保存至今的最早、最完整的机械图纸。正是由于这些图纸保存至今，现代学者才得以进行研究，王振铎、李约瑟才分别复原出水运仪象台。

这部书的首页是苏颂《进仪象状》一篇，记述造水运仪象台的缘起、经过和它与前代类似仪器相比的特点等。正文以图为主，介绍水运仪象台总体和各部结构。各图附有文字说明。卷上介绍浑仪，有图 17 种。卷中介绍浑象。除五种结构图外，另有星图 2 种 5 幅，四时昏晓中星图 9 种。卷下则为水运仪象台总体、台内各原动及传动机械、报时机构等，共图 23 种，附别本作法图 4 种。

其中还有唯一的一段不带图的文字："仪象运水法"，讲述利用水力带动整个仪象台运转的过程。总计全书共有图六十种。这些结构图是中国现存最古的机械图纸。它采用透视和示意的画法，并标注名称来描绘机件。通过复原研究，证明这些图的一点一线都有根据，与书中所记尺寸数字准确相符。

苏颂在《新仪象法要》中绘制了有关天文仪器和机械传动的全图、分图、零件图五十多幅，绘制机械零件一百五十多种，其中多为透视图和示意图。从这些图纸和说明文字中可以知道，水运仪象台枢轮的运转规律是齿轮系从六个齿到六百个齿的传动，每二十五秒落水一斗，每刻钟转一周，一昼夜转九十六周，而昼夜机轮、浑象、浑仪也转一周，这与地球运动是大致相应的。又例如，通过这些图纸，我们知道水运仪象台第一层木阁内是昼夜钟鼓轮，有不等高的三层小立柱，可以拉动三个木人的拨子，以关拨作用拉动本人的手臂，到一刻钟时，木人出而击鼓，时初摇铃，时正敲钟。而第二层木阁内是昼夜时初正轮，第三层木阁内是报刻司辰轮，第四层木阁内是夜漏金钲轮，第五层木阁内是夜漏司辰轮。要是没有这些珍贵的图纸，我们就难以弄清木阁内的机械木人是如何按时击鼓、摇铃和敲钟的。因此，《新仪象法要》中所附机械图是了解苏颂天文著作及其成就的关键，同时也是进而释读张衡、一行、张思训等同类著作的钥匙。

此外，《新仪象法要》中的"苏颂星图"也是一项重要的天文学成就，它是存于国内的最早的全天星图。苏颂在《新仪象法要》中绘有多种星图，如"浑象紫微垣星图"、"浑象东北方中外官星图"、"浑象西南方中外官星图"、"浑象北极星图"、"浑象南极星图"、"四时昏晓加临中星图"、"春分昏中星图"、"春分晓中星图"、"夏至昏中星图"、"夏至晓中星图"、"秋分昏中星图"、"秋分晓中星图"、"冬至昏中星图"、"冬至晓中星图"等，共计 14 幅。这 14 幅星图中最有价值的是前五幅。其中"浑象东北方中外官星图"是从角宿到壁宿的星官；"浑象西南方中外官星图"是从奎宿到轸宿的星官；"浑象紫微垣星图"，是以北斗七星为主的布列于浑象之北上规的 183 颗星；"浑象南极星图"和"浑象北极星图"则是以天球赤道为最外界大圆的南天星图和北天星。

　　苏颂为了星图绘制精确，采取了圆横结合的画法。横图分成两段：东北方中外官星图是从秋分到春分，西南方中外官星图是从春分到秋分。另外，在把球面上的星辰绘制到平面上时，苏颂发现了失真问题，于是他采用了把天球循赤道一分为二，再分别以北极和南极为中心画两个圆图的方法，从而减少了失真，这是星图绘制中的一项新成就。苏颂星图是历史上流传下来的全天星图中保存在国内的最早星图。保存至今的唐代敦煌星图，在时间上比苏颂星图要早，被斯坦因盗走，现存伦敦不列颠博物馆。但是，苏颂星图比敦煌星图更细致和更准确。如敦煌星图绘星一千三百五十颗，苏颂星图绘星一千四百六十四颗；敦煌星图主要依据《礼记月令》的资料，并非实际测量，而苏颂星图则是根据元丰年间的实测绘制；敦煌星图是从玄枵（子）开始，按十二次的顺序作不连续排列，中间夹以说明文字，有关分野问题也不科学，苏颂星图则从角宿开始，按二十八宿顺序，作连续排列，并完全去掉了有关分野等不科学成分。就所列星的数目而言，苏颂星图的贡献也是值得称道的。如欧洲到十四世纪文艺复兴以前，观测的星数是一千零二十三颗，要比苏颂星图少四百二十二颗，因此，西方的科技史家蒂勒、布朗和萨顿等甚至认为："从中世纪直到十四世纪末，除中国的星图以外，再也举不出别的星图了。"

同时，《新仪象法要》也是中国现存最早的水力运转天文仪器专著。它反映了中国十一世纪的天文学和机械制造技术水平。通过研究，人们得以了解中国古代的水运仪象传统，从此还得知近代机械钟表的关键性部件——锚状擒纵器是中国发明的。后来，英国科学家李约瑟博士把《新仪象法要》译成英文在国外发行。《新仪象法要》也成为苏颂为后世留下的最杰出的著作。

苏颂精神贯彻古今

苏颂本身是一位封建士大夫，晚年又位居高官，但是他热爱自然科学，把自己的主要精力投入到科学活动中去，并且以多方面的优异成绩丰富了祖国的科学文化宝库，这在封建社会中是非常难能可贵的。因为在当时封建社会中，由于受儒家传统文化的影响，封建士大夫一般走的是读书做官之路，读的主要是儒家的经典著作，自然科学被视为雕虫小技，是不受重视的，甚至被看作是"奇巧淫巧"。就连孔夫子自己，当他的学生向他请教怎样种粮食，他都会说："你去问老农吧，我不如老农。"当这个名叫樊须的弟子又来请教怎样种菜时，孔子又说："你去问菜农吧，我不如菜农。"等樊须走了，孔夫子很不高兴，生气地说："这个樊须，真是个小人。"这说明，儒家对自然科学是不重视的、是看不起的。所以在封建社会中，很多为自然科学做出贡献的人都是在历史上默默无闻的小人物，像苏颂这样的人物并不多见。

苏颂之所以在天文仪器、本草医药、机械图纸、星图绘制上都能站在时代的前列，是有诸多原因的。而最重要的一条莫过于他致力于创新的科学精神，他创新的科学精神是以全面掌握前人的科学成就为基础的。在天文仪器制造方面，他详尽地研究了前代天文学家张衡、一行、张思训等取得的成就。在仔细研读过前人的理论后并进行演示，最后继承了张衡划时代的创造：在浑象上安装一套齿轮机械传动装置，利用漏壶流水的稳定性推动浑象均匀地绕极轴放置。张衡之后，一行又有了新推进，水运仪象受漏壶控制又能逼真反映天球旋转，他们开始利用这一点来作为反映时间流逝的新装置。苏颂仔细研究了一行的新实验，并牢牢地掌握了这一新方向。张思训在一行的基础上又有所前进，他建造了楼阁式钟、鼓、铃齐备的报时装置，苏颂仔细研究了这台仪器，继承了他成于自然，尤为精妙的成就。

苏颂创新的科学精神最主要表现在他的创造性上。他在掌握了张衡、一行、张思训的科学成果之后，开始了自己的新里程。他不但要继承，而且要创新。他把张衡开始的用漏壶流水稳定性来控制齿轮系机械传动，发展成了水运仪象台望筒随天体旋转的最初的转仪钟，并且还设计调整到使太阳经常在望筒的视场中。这样，只要在黄昏把望筒对准了太阳，日落星现后就可以直接测读出太阳和恒星之间的赤经差或似黄经差了。

苏颂的一生仕途漫长，官位显赫，但他在科技方面的建树却远远超过了他在政治上的成就，他的领先科技水平是他给后世留下的最大财富，也正是水运仪象台与《新仪象法要》为苏颂争得了七项世界第一。

北宋欧阳修称苏颂："才可适时，识能远虑。圭璋粹美，为

异邦之珍;文学纯深,当为朝廷之用。"南宋大理学家朱熹则称:
"赵郡苏公,道德博闻,号称贤相,立朝第一,始终不亏。"现代
英国剑桥大学著名科技史专家李约瑟博士高度赞扬:"苏颂是中
国古代和中世纪最伟大的博物学家和科学家之一,他是一位突出
的重视科学规律的学者。"原中国科学院院长卢嘉锡为同安苏颂
科技馆题联,生动概括苏颂的一生。联曰:

探根源,究终始,治学求实求精;编本草,合象仪,公诚
首创。

远权宠,荐贤能,从政持平持稳;集人才,讲科技,功颂
千秋。

第四章
沈括——中国科学史上的坐标

沈括是一位博学多才、成就显著的科学家。他资质聪颖，勤于思考，并能够向各行各业能者学习，在物理学、数学、天文学、地学、生物医学等方面都有重要的成就和贡献。

《梦溪笔谈》：一部笔记本百科全书式著作，该书在国际深受重视，被誉为"中国科学史上的里程碑"。

自幼善观察，从诗画中探索科学

宋仁宗天圣九年（1031年），在杭州钱塘（今浙江杭州）一个地方官吏的家里，一个小男孩呱呱坠地了，这个小男孩便是日后大名鼎鼎的沈括。

沈括的父亲沈周，常年在外地做官，家里就只得由他的妻子许氏支撑。沈括的母亲是苏州人，出身书香门第，为人知书达理，贤慧慈爱。小沈括自幼就喜学好问，母亲便成了他的启蒙老师。小沈括最爱听妈妈讲故事，比如民间传说中的嫦娥奔月，夸父追日，牛郎织女……妈妈的姑苏乡音是那么柔和温婉，讲起故事来更是娓娓动听，小沈括常常偎依在妈妈的怀里，仰望当空的一轮皓月，津津有味地听妈妈讲那些动人的故事。

小沈括稍大一点，许氏便翻检出自己儿时读的《千字文》

《诗经》《论语》《春秋》……让儿子诵读，她不时从旁指点、讲解，小沈括见到这些书，真是开心极了，他游弋在知识的海洋里，感到新鲜、兴奋，因为父母亲都出身在书香门第，各类图书自然很多，无论文献典籍，还是野史闲书，都让小沈括爱不释手。在这些书籍中，他尤其喜欢读天文、地理、医药、兵法方面的。

读过了东汉王充的《论衡》，沈括明白了天地是"含气之自然"，而并非神仙世界；天文学家张衡的《东京赋》《西京赋》，文采飞扬、气势豪壮，令沈括钦羡不已；沈括更爱读张衡的天文著作《灵宪》，文章里讲解日月星辰，天地宇宙的奥秘，这让小沈括心驰神往、茅塞顿开，母亲解答不了的许多问题，小沈括在这里都一一找到了答案。正是由于这些天文书籍，不仅让儿时的沈括勤奋好学，养成爱读书的习惯，还培养了他遇到问题肯动脑筋，实事求是，尊重科学的好品格。

父亲远离家门，常年在外地做官，凡是留下父亲足迹的地方，母亲都会逐一从父亲留下的一份份地图里辨认出来，母亲想让沈括通过这些地图，知道各地的名胜古迹、风土民俗，以便吸引小沈括在地理书中寻觅更多的知识。小沈括深深地喜欢上了这些地图，他憧憬着，盼望着自己赶快长，长大了好跟随父亲到各地去，去看一看神州的大好河山。

沈括的父亲沈周自幼丧父，对子女分外爱怜。沈括的姐姐，一个早逝，一个出嫁，只有沈括和他的哥哥沈披留在身边。但是沈周长年做官在外，小儿子呱呱坠地时他已 53 岁，老来得子，更是疼爱非常。沈括十岁那年，沈周任泉州（今福建泉州）长官刺史。沈周上任时，便带着沈括兄弟俩一同来到了泉州。

　　泉州是宋代海外贸易的大商埠，商贾云集，港湾洋面千帆竞发，处处呈现出一派繁荣的景象。但是，每到黄昏的时候，城门就会紧闭，街头巷尾看不到一个人影。沈周很诧异。一打听，原来是沈周的历届前任一直在泉州实行宵禁造成的。据说宵禁是为了防止海盗劫掠、盗匪偷抢。沈周赴任后，作为泉州的最高长官，他了解到长期以来宵禁不仅影响了经济的兴盛，还给百姓带来了诸多不便。在他做了一番调查后，就立即宣布取消宵禁，同时加强治安防范。全城居民个个拍手称好，而盗贼也一直未敢侵扰，泉州城从此日夜治安稳定、百业兴旺。

　　在泉州，父亲送兄弟俩进了私塾。有一日，老师在课堂上给同学们朗读白居易的一首诗词，"人间四月芳菲尽，山寺桃花始盛开"。老师读完之后，少年的沈括眉头上凝成了一个结。当时，正是四月暮春天气，庭院中的桃花纷纷谢落，已是"绿肥红瘦"，这使得小沈括百思不得其解，于是就请教老师说道："人间四月芳菲尽，为什么山寺桃花才开始盛开，这不是很矛盾吗？""这个……下课！"老师道。下课后，这个问题一直旋绕在小沈括的心头。同学们见小沈括在思考，也一起讨论起来。这个说："人间桃花谢了，而山寺里面的桃花正盛开，那是因为山里住的是神仙。"其中一个小孩反驳道："山里住着神仙，应该也是人间啊！"大家一时议论纷纷，可最终还是找不到满意的答案，"算了，我们还是亲自到山里看看吧。"小沈括说道。第二天，小沈括约了几个小伙伴上山实地考察一番，四月的山上，乍暖还寒，凉风袭来，冻得人瑟瑟发抖，沈括顿时茅塞顿开，原来山上的温度比山下要低很多，因此花季才来得比山下来得晚呀，温度不同，植物生长的情况也就不同，白居易写的没错儿！

沈括不仅自己喜欢观察事物，实事求是，也对能够细心观察的人大为赞赏。欧阳修曾经得到过一幅古画，花中有一丛牡丹，其下一猫。欧阳修虽是文学家，但是对于绘画的精妙却不太在行。正巧，他的亲家丞相吴育却懂得欣赏。他就告诉欧阳修说："此正午牡丹也"，然后说出了一番道理：从牡丹花的颜色、猫眼的瞳孔以及花房收敛等方面道来，入情入理。沈括对此事评价甚高，他赞叹说道："此亦善求古人心意者"。

沈括的细心观察也体现在他对诗词的见解上。崔护的《题城南诗》，在宋代所传两个版本，第三句有不同。这个不同，据唐代传奇中说，崔护当时写的是"人面不知何处去"，但觉得意犹未尽，且用语不够工整，就改成了"人面只今何处在"，所以在宋代流传着两个版本。沈括认为，"唐人工诗，大致多如此，今虽有两个'今'字，不是很恰当，我觉得只是取语意而已"。当内容和形式有冲突时，当以内容为主，所以就是在短短的绝句中，出现了两个"今"，但为了更好的表达，也不觉得有什么不妥。沈括为此发出感叹："所谓句锻月炼者，诚然不是虚说。"

这让沈括想起了他在经过磁州的时候亲眼看到了钢铁的锻炼过程：选取精铁锻打百余次，每次锻打都要称量；每次锻打以后分量都要少一些，直到多次锻打以后分量再不减少，这就是纯钢了——也就是钢铁的精纯部分。诗人炼字用词也是这样的道理，用"锻炼"来说明诗人寻章摘句过程的艰苦与精炼，一点也不为过，这样我们才能理解苦吟诗人贾岛为了一个字一个词捻断几根胡须的事情了！沈括对王安石用宋王籍诗句"鸟鸣山更幽"对古人诗句"风定花犹落"也很赞叹。这个对句静中有动，动中有静，动静相生，更增加了动感和厚度，比原来的"蝉噪林欲静，鸟鸣山更幽"要好得多，就是增加了层次感，同时也增强了真实感。

他随父亲居住在福建泉州时，就听说江西铅山县有一泓泉水不是甜的，而是苦的，当地村民将苦泉放在锅中煎熬，苦泉熬干后就得到了黄灿灿的铜。他对这一传说很感兴趣，于是就不远千里来到铅山县，看到了村民"胆水炼铜"的过程，并把它记录下来。这是我国有关"胆水炼铜"的最早记载，历史的发展证明他的记载是正确而可靠的。原来在铅山县有几道溪水不是清的，而是呈青绿色，味道是苦的，当地村民称为"胆水"，"胆水"就是亚硫酸铜溶液。村民将"胆水"放在铁锅中煎熬，就生成了"胆凡"。"胆凡"就是亚硫酸铜，亚硫酸铜在铁锅中煎熬，与铁产生了化学反应，就析出了铜。

由于历史的局限，沈括还不能明确地揭示"胆水化铜"的化学原理，但已经阐述了"胆水炼铜"的全过程，同时也记录了在铅山周围有一个规模不小的铜矿。他的记载有巨大的经济价值，沿着铅山县的胆水往北寻找，在贵溪县果然找到了巨大的铜矿，这座铜矿就是现在江西铜业公司的开采地。如今江西铜业公司的电解铜已经达到年产九十万吨，产量在国内居第一位，在世界居第三位，江西铜业的发展，常使后人想起沈括有关"胆水炼铜"的记载。

沈括很有环保观念，很早就指出不得随便砍伐树木。有一次，沈括在书中读到"高奴县有洧水，可燃"这句话，他不解洧水为何物，又为什么会燃烧？后来，他特地对书中所讲的内容进行实地考察。考察中，沈括发现了一种褐色液体，当地人叫它"石漆"或"石脂"，用它烧火做饭，点灯和取暖，这才恍然大悟。沈括经过反复研究，认为洧水这名字不切合实际，强调是水，可实际上却是油，因此他给这种液体取了一个新名字，叫"石油"，这是伟大的创意。"石油"这个名字有科学性，容易为人接受，一直被沿用到今天。他当时就想到要用石油代替松木来作燃料，因为他认为不到必要的时候决不能随意砍伐树木，尤其是古林，更不能破坏！

发现了"石油"后，沈括就开始琢磨，这东西"燃之如麻，但烟甚浓，所沾帷幕皆黑"，石油一燃烧起来就有浓烟，他盯在烟上，烟能不能变为宝呢？扫下烟来，他想制成墨，一试，果然效果不错，黑光如漆，松墨不如。这在当时可是好东西，所以进行大量生产，还取名"延川石液"，在当时产生了轰动。

我国最早记述石油与石油开采的记载也来自于沈括在晚年创作的著作——《梦溪笔谈》。那是北宋元丰三年（1080年），沈括五十岁，出任陕西延安府太守，在西北前线对抗强敌西夏的入侵。他在紧张的军旅生活中，仍不忘考察民间开采石油的过程，在《梦溪笔谈》中他记录了石油的存在状态与开采过程。他在书中写道：

"在鄜州、延州境内有一种石油，就是过去说的高奴县脂水，脂水就是石油。石油产生在水边，与砂石和泉水相混杂，时断时续地流出来。当地居民用野鸡尾毛将其沾取上来，采集到瓦罐里。这种油很像清漆，燃起来像火炬，冒着很浓的烟，帐幕沾上了油烟都变成了黑色。我猜测这种烟可以利用，于是试着扫上它的烟煤用来做成墨，墨的光泽像黑漆，即使是松墨也比不上它。于是就大量制造它，给它标上文字，叫做'延川石液'。这种墨以后一定会广泛流行在世上，只是从我开始做它罢了。"

根据现有的史料，他是第一个使用石油的人，他将石油燃烧后产生的烟尘制成了墨，他还写过一首《延州诗》，描述了延州开采石油形成烟尘滚滚的盛景："二郎山下雪纷纷，旋卓穹庐学塞人。化尽素衣冬未老，石烟多似洛阳尘。"

沈括所记载的"延州石油"如今已形成我国著名的长庆油田，累计探明油气地质储量54188.8万吨，年产量达到了2000万吨，约占全国的十分之一，长庆油田已是我国重要的能源基地之一。

用科学的精确态度兴修水利造福百姓

沈括所处的北宋王朝，建立已满百年。初期因社会稳定、经济增长而达到了顶峰以后，就开始转入了下坡路。这主要表现在：土地越来越集中到少数大地主手中，农民租种他们的土地，收获的一点粮食，除了交租完税，就所剩无几了。簸糠麸，食秕稗，掘菜根，采橡实，这就是冬春两季农民贫困生活的写照。朝廷养兵数目庞大，官僚只知横征暴敛。特别是逢到三年两载遭灾荒的情况，最底层的农民更是苦不堪言。沈括跟随父亲南来北往，读书游历。锦绣山川令他才思日增，社会见闻引他思索探寻。在沈括的心目中，父亲是个亲民官，他接近民众，廉洁奉公，只是稳健少露锋芒，未有惊人之举。沈括眼见当时的社会，贫富悬殊，豪强称霸，危机四伏，冤案如麻，不免忧心忡忡。

王安石在诗笺《河北民》中，就表达过他的感慨："今年大旱千里赤，州县仍催给河役。老小相依来就南，南人丰年自无食。悲愁天地白日昏，路旁过者无颜色。"沈括读过此诗后，深深敬佩王安石的忧国忧民之心。王安石后来向仁宗皇帝上万言书，主张改革政治，被朝廷重用，当上宰相，成为变法革新的主帅。

青年沈括受父亲的言传身教，游历四方的耳闻目睹，再加上王安石的影响，心田里播下了改革的种子。他立志要在这动荡不安的年代里力求上进，有所作为。父亲沈周去世后，按当时的传统，沈括守孝三年。由于父亲的官职，死后荫子的制度，朝廷任用沈括为沭阳（今江苏沭阳）主簿。至和元年（1054年）正月，二十四岁的沈括服丧期满，走马上任。

主簿是个低级的官吏，相当于县令的助手。沈括来到沭阳上任后，他不嫌官微职小，完成公务兢兢业业，更不做狐假虎威、欺压百姓的事。他给朋友写信说："做官最低微而劳苦的，莫过于主簿。沭阳方圆几百里，凡是兽蹄鸟迹所到之处，都有主簿的职责，十件事里我要做八九件。忽上忽下，忽南忽北，忙得晕头转向，以至于连风霜雨雪、明暗冷暖，也全然不知了。"

沭阳境内有条河，叫沭水，因长期失修，下游淤塞，以致河水漫溢，水灾连年不断，两岸的田地熟不长粮，荒不长草，百姓生活困苦不堪。沭阳县令名为全县的父母官，不但不体恤民情，放赈救灾，反而变本加厉，搜括民脂民膏。百姓被逼得走投无路，奋起反抗官府，眼看一场农民起义即将在沭阳全境蔓延开来。

这个情况非同小可，把沭阳县的上司吓得手忙脚乱。为平息民愤，掩人耳目，他们慌忙调走县令，空出县衙门，让沈括出来应付局面。沈括早已熟悉当地民情，对这场斗争的起因也了如指掌，既然在危急关头派他来代理县令，他就决定立刻执行安定民心的政策，一方面进行减租，一方面延长交税的时间。这个政策大快人心，老百姓这才松了一口气，一场风波渐渐平息了下来。

　　但是，沈括清楚地了解到，只有彻底整治沭水，发展沭阳农业，才能从根本上缓和农民与官府的对抗局面。于是，修浚沭水的工程在沈括的主持下，迅速开展起来了。民众认识到工程与自己的切身利益紧密相关，都积极参加治水工程。堤坝上，数万民工浩浩荡荡，一片热火朝天的景象。沭水的整治工程进行得十分顺利，河道拓宽加深，翻起的泥土筑成两道大堤，沭水流域新添百渠九堰，新开垦良田七千顷。全部工程只用了原计划的四分之一的时间，提前竣工。沭阳面貌由此改观，农民无不称颂沈括的德政。

　　由于整治沭水获得成功，沈括的才能引起了朝廷的关注。第二年，他便被调到东海（今江苏东海）代理县令。到东海后，他继续坚持兴修水利、发展农业的利民之策。当时他哥哥沈披在宣州宁国（今安徽宁国）任县令。在家信中，沈披常向沈括提及治理秦家圩的设想。沈括对此事十分关心，他还特意去哥哥那儿亲自考察了一番。

　　原来，秦家圩是位于现今安徽芜湖境内的一大片圩田，原来是属于一秦姓大户人家的。圩田是积水的低洼地，只要在环绕四周的筑堤岸内设闸门，在圩区内修渠挖沟，纵横交错直通闸门，就能做到涝能排水，旱可浇灌，年年也就能确保好收成。但是，北宋初年，一次特大的洪水冲毁了秦家圩的圩堤，从此圩田成为了一片汪洋。很多年过去了，修复圩田的建议虽不时有人提起，却一直遭到反对派的抵制。反对派提出反对的理由是：圩堤把洪水阻拦在圩田之外，逼得洪水没有归宿，必然冲决圩堤，酿成水灾。

　　沈括考察过后，他对那些反对派们提出了反驳意见，他说："圩北大小湖泊绵延三四百里，圩西和大江相连，洪水来袭，自有去处。圩田拦截洪水份量不大，不会抬高水位。"这时候，又有一个反对派站出来说："秦家圩的东南濒临大湖，堤岸不断受风浪冲刷，时间一长，圩堤难保。"沈括则认为只要措施得当，圩堤是可保的，他坚决主张修复秦家圩的圩堤，在大堤百步缓坡之外，修筑附堤，这样能使堤基加厚，然后在堤上栽植柳树，在堤底种植芦苇。这样一来，再猛再大的风浪经过芦苇的层层阻挡，漫坡的缓缓减势，对大堤也不会构成严重威胁了。

　　还有人抬出蛟龙来反对修复圩田："圩水流出闸门，水过之处底下都有蛟龙潜伏，所以圩堤容易崩溃。"沈括听后，一针见血地破除了他的封建迷信思想，他说："圩水流出堤外，在堤岸脚下冲刷出水潭，水潭越冲越大，最终危及圩堤。这哪里是什么蛟龙潜伏呢？"更有一些因循守旧的人还借口圩田修复后，断了在沼泽里采茭牧养的农户的生路，会引起他们的不满。其实，采茭牧养的农户乐于恢复祖辈耕种圩田的传统，真正反对修复圩田的不是他们，而是那些养尊处优、迷信守旧的达官富绅。

　　由于争论的背后有上级官府、同级幕僚以及当地富豪乡绅在推波助澜，秦家圩的天空一时间阴霾密布。主张修复秦家圩的判官谢景温是沈括的表侄女婿。他在县令沈披以及沈括支持下，呈报江南转运使张颐，再上奏皇帝，最后终于获得批准。沈披精通水利，又有沈括修浚沭水的成功经验。这样，兄弟两人的论证，理由充足，根据可靠，计划也就更加周详。更重要的是，工程顺乎民心，一经号召，万众响应，八方支持。秦家圩的修复工程在沈括等人的带动下，进行得轰轰烈烈，如火如荼。

那时正值江南灾荒，难民不断涌入秦家圩，于是圩田工程就采取"以工代赈"的方法，几日间便招募民工一万四千多人。从宁国、宣城、当涂等八个县通往芜湖地区的路上，赶运粮草沙石的队伍，车轮滚滚；蜿蜒近百里的大堤脚下，民工的工棚星罗棋布。仅仅八十多天时间，建成一道宽六丈，高一丈二，长达八十四里的圩堤。新堤上，一排排桑树，数以万计，长得枝繁叶茂。圩堤内，良田一千二百多顷，沟渠纵横，如一方方棋盘。每一顷圩田都有名号，如"天"、"地"、"日"、"月"……当年收获的粮食交租三万六千斛，还清朝廷拨给的粟米，还有菇、蒲、桑、麻等收益五十万文铜钱，其中四万文抵付工程投资，其余均为农户收入。农民收入大增，纷纷称颂圩田修复得好。朝廷得报，宋仁宗十分欣喜，将新修圩堤赐名"万春圩"。

但是，好景不长。万春圩修成之后不过三年，长江下游又发生大洪水。这次水灾情势严重，受淹地域很广。从长江中游的汉水、沔水流域直到下游的江浙一带，江水泛滥，房舍没入水中，难民流离失所，数以万计。安徽宣州（今安徽宣城）到池州（今安徽贵池）一带，大小一千多个圩区惨遭淹没。只有万春圩安然无损，在大水之中依然绿洲一片，生机盎然。但是，原先一向反对修复方春圩的官绅们却颠倒黑白，自以为报仇的时机到了，他们向继仁宗之后继位的英宗皇帝谎报灾情，说大水灭顶，都是因为修了万春圩造成的。英宗昏庸，偏听偏信，下诏贬谪了张颙的转运使和谢景温的判官职衔。

沈括对此愤慨难平，挥笔写下了《万春圩图记》，披露事实真相，以正视听，并继续倡导修圩改田一事。后来在他的积极倡导下，规模宏大的万春圩得到了修筑，并开辟出了能排能灌、旱涝保收的良田一千二百七十顷，同时他还写了《圩田五说》、《万春圩图书》等关于圩田方面的著作。

熙宁五年（1072年），黄河泛滥，滔滔河水冲垮了汴京东北一百多公里处的商胡大堤（今河南濮阳东北）。决口宽八百多米，汹涌的黄河水淹没大片良田，冲毁民房数万间，守卫边防用的战备粮草器材也损失了八九成。决堤的洪水如脱缰野马，掉转方向，径直向北，直逼汴京的门户北京（今河北大名），形势十万火急。

因沈括对水利工程非常精通，于是皇帝下诏派沈括去疏浚汴河。为了治理汴河，沈括亲自测量了汴河下游从开封到泗州淮河岸共八百四十里河段的地势。他率领部下从京城东门起，沿河岸直向下游，边走边访问当地居民，探讨疏浚汴河的方案，也顺便了解两岸淤田的情况。

汴河的河床应该挖掘多深才算疏浚好了呢？沈括先进行实地试验。他堵住一角河道，挖尽沉积的淤泥，一直挖到三丈深，发现底下有石板，那是从前疏浚河床时留下的标记。沈括大吃一惊，想不到淤泥把河床垫高了三丈多，疏浚汴河是多么艰难的任务啊！

要清除这么多淤泥，用人力挖必定费力耗时，有什么更好的办法呢？这时，沈括想起了王安石提倡过淤田，办法就是在汴河水大流急时，故意掘开一段堤岸，让汴河水把河床的淤泥冲刷到堤外的盐碱荒滩上。这样反复做几次之后，既可为汴河清淤，又可造地，变荒滩为良田。

不过，这位治河经验丰富的著名科学家在治理汴河工程时却碰到了一些难题。汴河地理位置重要，是通向东京汴梁的一条命脉，而从开封到泗州一段，则是汴河最紧要的部分，需要格外重视。疏浚河道，第一步要做的便是进行河道测量。如果是比较直的河道，就容易一些，按照一步等于五尺的规则计算就可以了。但是沈括发现，汴河的河道地势高低起伏，而且整条河弯弯曲曲非常不规则，仅靠现有的水平尺或标尺等常规工具肯定不可能准确测量如此复杂的地形。怎么办呢？这可难坏了沈括等一干大臣。有人说，大体测量一下就可以了，不用非得那么准确。但是沈括天生是个认真的人，又长期搞科研，养成了严谨的习惯，虽然目前困难重重，但他坚决反对敷衍应付。不过，一时半会，他们也没想出好主意，沈括有些着急，没事就出去到工地巡视，他看见几个儿童在河边上嬉戏玩水。孩子们齐心协力，在小沟里用沙泥建起一道道小型堰塘，虽然泥水溅得满身都是，但孩子们玩得很开心。沈括凑到跟前，仔细研究孩子们的"杰作"，突然沈括一拍脑袋，道："有了！"他赶紧跑回去设计方案。

次日，沈括让工人们停下所有手头的工作转而集中力量逐段挖通堤外的小沟，把它挖成一条与汴河大致平行的河道。河工们有些纳闷，本来汴河就那么难疏通，不抓紧时间干正事，怎么玩起旁门左道了，大家都很莫名其妙，甚至偷偷有些不解和怨气。但是，沈括一声令下让怎么干就得怎么干，既然让挖小河道就挖吧！过了一段时间，小河道挖通了，沈括又下令向小河道里灌水，好让水都蓄积在靠近泗州一边的地势最低平的测量点上。渐渐的，水都流向地势低的地方，靠地势较高的小河道便形成了浅涸。沈括再让河工们在浅涸的地方再筑一道堤堰，再灌水，于是又会出现浅涸，如此这般，一段段地建堤堰。河工们开始看出门道了："这不就是孩子们玩水的游戏吗?"小河道里的水是静止、水平的,通过分层筑堤堰,河道形成了一个个阶梯。只要然后逐级测量各段水面,累计相加各段的高度,它们的总和就是开封和泗州间"地势高下之实"的实际数字了。

这便是沈括发明的"分层筑堰法"。他运用这种方法,测量了汴河下游从开封到泗州淮河岸共八百四十多里河段的地势,并测出开封比泗州地势高出 19 丈 4 尺 8 寸 6 分。沈括取得了汴河这两个最重要的数据,为七年以后的导洛清汴工程打下了基础。在此后的四五年时间内,又取得引水淤田一万七千多顷的显著成绩。在对地势高度计算时,其单位竟细到了寸分,可见,沈括的治水态度是极其严肃认真的,而且这在世界水利史上也是一个创举。

考察山河形成其地理学说

沈括一生为官,四处飘泊,几乎走遍了大半个中国。峭拔险怪的名山,一碧万顷的平川,烟波浩渺的湖泊,飞湍急流的江河,到处留下他的足迹。他深邃的目光,透过青山秀水,看到了它们的沉浮变迁。比如在雁荡山,沈括发现了一个奇怪的现象:他曾游览过不少名山,都是从岭外便能望得见峰顶,而雁荡山却不然,只有置身山谷,才能看到高耸入云的诸峰。经过再三琢磨,沈括得出了结论:是山谷中的大水,将泥沙冲尽之后,这些巨石才高峻耸立,拔地而起的。而且,雁荡山的好多独特景观,如大小龙湫、初月谷等,也都是大水长年累月冲凿的结果。由此,他联想到西北那土墩高耸的黄土区,和雁荡山的成因相同,也是大自然的杰作，只不过一个是石质、一个是土质而已。他正确论述了华北平原的形成原因：根据河北太行山山崖间有螺蚌壳和卵形砾石的带状分布，推断出这一带是远古时代的海滨，而华北平原是由黄河、漳水、滹沱河、桑乾河等河流所携带的泥沙沉积而形成的。通过观察雁荡山诸峰的地貌特点，分析了它们的成因，沈括明确地指出这是由于水流侵蚀作用的结果。他还联系西北黄土地区的地貌特点，做了类似的解释。

神宗时，沈括担任经略使。有一年在延州，黄河大堤崩了，并出现裂痕，中间出现竹笋林。这太奇怪了，沈括进行了仔细地考察。他看到一大片根干相连，都化为石的竹笋，真是罕见，根本无法知道这是什么年代的东西。沈括就想：这儿的环境不适合竹子生长，可是却怎么会有竹笋的化石？想了好久，他得出结论："是不是从前这里气候温暖潮湿，适合竹子生长呢？"沈括觉得他这个结论还是很科学的。在此基础上，他还观察研究了从地下发掘出来的桃核、芦根、松树、鱼蟹等各种各样化石，明确指出它们是古代动物和植物的遗迹，并且根据化石推论了古代的自然环境，以及古环境变迁、植物地理分布的制约因素等。同时，他还考察了黄河三角洲并提出三角洲是黄河泥沙堆积而成的，这些见解用今天的眼光来检验也是正确的。他提出广种树木、保护树木以涵养水份的观点，也完全符合当代的保护环境的理念。这些都表现了沈括可贵的唯物主义思想。

沈括关于因水侵蚀而构造地形的观点，在当时只有阿拉伯的一位科学家"英雄所见略同"，直到七百年之后，英国科学家赫登才完整地运用了这一原理论述地貌变化。另外，在冲积平原成因的解析方面，在"化石"的命名以及地形测量和地图绘制等方面，沈括的贡献也极有价值。

宋仁宗时，有一天，一位大臣捧着一颗龙蛋来见仁宗，大臣振振有词地说是从黄河中漂来的。漂来龙蛋，岂不象征着大宋上承天运吗？这可是祥瑞，仁宗大喜，并重赏了那位大臣，并派人把龙蛋送到金山寺里供奉了起来。这个龙蛋送到寺里不久，寺里发水了，冲了寺。大臣们嘀咕，这龙蛋是灾星，带来了灾难，当然他们不敢跟皇上说。仁宗也嘀咕，但是要推翻自己的说法，又实在不妥。于是再也不提这件事情了，龙蛋也就再无人过问了。这龙蛋到底是什么样的呢？沈括就想去看个究竟。原来这龙蛋跟鸡蛋差不多，只是特别大而已。但当时沈括也只能是看看，不敢深入研究，因为这涉及到皇帝的体面。到了英宗时，泽州一户人家挖井时挖到龙蛇一样的东西，不敢动，放了好久，还是那样。胆大的摸了一下，原来是石头。后来打碎了，众人给分了。沈括后来见到一块，看到有棱有角，像蛇身上一样，不过特别大，沈括研究了许久，得出结论：这是一块蛇化石。

沈括在地学方面的卓越的论断，反映了我国当时地学已经达到了先进水平。在欧洲，直到文艺复兴时期，意大利人达·芬奇对化石的性质开始有所论述，却仍比沈括晚了四百多年。沈括视察河北边防的时候，曾经把所考察的山川、道路和地形，在木板上制成立体地理模型。这个做法很快便被推广到边疆各州。

熙宁九年（1076 年），沈括奉旨编绘《天下州县图》。他查阅了大量档案文件和图书，经过近二十年的坚持不懈的努力，终于完成了我国制图史上的一部巨作——《守令图》。这是一套大型地图集，共计二十幅，其中有大图一幅，高一丈二尺，宽一丈；小图一幅；各路图十八幅（按当时行政区划，全国分做十八路）。图幅之大，内容之详，都是以前少见的。在制图方法上，沈括提出分率、准望、互融、傍验、高下、方斜、迂直等九法，这和西晋裴秀著名的制图六体是大体一致的。他还把四面八方细分成二十四个方位，使图的精度有了进一步提高，为我国古代地图学做出了重要贡献。

沈括为了维护宋朝边境的安全，十分重视地形勘察。有一次，宋神宗派他到定州（今河北定县）去巡视。他假装在那里打猎，花了二十多天时间，详细考察了定州边境的地形，还用木屑和融化的蜡捏制成一个立体模型。回到定州后，沈括要木工用木板根据他的模型，雕刻出木制的模型，献给宋神宗。这种立体地图模型当然比绘制在纸上的地图更清楚了。宋神宗对沈括画的地图和制作的地图模型很感兴趣。第二年，就叫沈括编制一份全国地图。但是不久，沈括受人诬告，被朝廷贬谪到随州（今湖北随县）去。在那里，环境虽然很困难，但是他坚持绘制没有画完的地图；后来，他换了几个地方的官职，也是一面考察地理，一面修订地图，坚持了十二年，终于完成了当时最准确的一本全国地图——《大宋天下郡守图》。

《大宋天下郡守图》是他用"飞鸟图"创造并绘制出来的，这使得北宋的地图越来越精确。在宋代，由于测绘技术的局限，绘制地图用的是"循路步之"法，也就是沿路步行丈量，用步行得出的数据绘制地图，由于道路弯弯曲曲，山川高低错落，用"循路步之"法绘制的地图与实况有很大的误差，图上差之一厘，实地就差之千米。他采用"飞鸟图"也就是"取鸟飞之数"，用的是飞鸟直达的距离，有点像现在的航空拍摄，使得地图的精确度大为提高。令人没想到的是，他的地理学说与《大宋天下郡守地图》在与辽国的边界谈判中发挥了重要作用，起到了十万士兵都难以达到的威力。

北宋与辽国之间战争不断，签订《澶渊之盟》后双方罢兵休战。辽国垂涎中原地区的繁华，仗着骁勇的骑兵，不断提出领土要求。自从宋真宗以后，宋朝一直依靠每年送大量银绢，维持了几十年跟辽国暂时妥协的局面，但是辽国欺宋朝软弱，想进一步侵占宋朝土地。宋熙宁八年（1075 年），辽国派大臣萧禧来到东京，要求重新划定边界，他提出的边界是山西北部的黄嵬山（在今山西原平西南），黄嵬山以北为辽国所有，以南为宋朝所有，宋朝如同意他的要求，等于将辽国的领土向南推进了三十多里。

黄嵬山是一座默默无闻、名不见经传的山脉，北宋大臣对此山几乎是一无所知，朝廷上下顿时乱作一团。宋神宗派大臣跟萧禧谈判，双方争论了几天，都没争论出个结果。萧禧坚持说黄嵬山一带三十里地方应该属于辽国，宋神宗派去谈判的大臣由于不了解那里的地形，明知萧禧提出的是无理要求，可就是想不出办法反驳他。就在这危急关头，宋神宗猛然想起了熟识地理的沈括，于是赶紧命他出任谈判特使，指示他既不能随意向辽国挑衅，但也不能向敌示弱而接受无理要求。

沈括精通地理，而且办事认真细致。他首先到枢密院，从档案资料中把过去议定边界的文件都查清楚了，证明那块土地应该是属于宋朝的，而他所凭借的依据就是《天下郡国图》。他把自己在《天下郡国图》中所查找到的资料向宋神宗汇报了一番，宋神宗听后，非常高兴，马上就命沈括画成地图。地图画成之后，宋神宗就送给萧禧看，并向萧禧说明地图中的边界：两国曾按《澶渊之盟》划分边界，边界是白沟河，白沟河以北为辽国领土，以南为大宋领土，而黄嵬山在白沟河以南，是大宋的领土，而不是辽国的领土。萧禧没有一张自己的地图，更不知道黄嵬山的准确方位，在地图面前，他顿时感到理亏三分，气焰不知不觉地矮了一截，争论了几天后，双方都无功而返，但也没有将争论推向极端。此时的萧禧也不像先前那样振振有词了。

不久，宋神宗派沈括出使上京（辽朝的京城，在今内蒙古自治区巴林左旗南）。沈括在出发之前做了大量的准备工作，他首先收集了许多地理资料，然后叫随从的官员把这些资料都背熟。来到上京后，辽朝派宰相杨益戒跟沈括谈判边界，辽方提出的问题，沈括和官员们对答如流，有凭有据。沈括又再次提出以《澶渊之盟》为基础，以《天下郡守图》为依据，有理有节，寸步不让，而辽国宰相却找不到重划边界的理由。杨益戒一看没有空子好钻，就板起脸来蛮横地说："你们连这点土地都斤斤计较，难道想跟我们断绝友好关系吗？"这时，只见沈括理直气壮地说："你们背弃过去的盟约，想用武力来胁迫我们。真要闹翻了，我看你们也得不到便宜。"随后，沈括又出示了宋朝的木制地形模型，这使得辽国宰相大为惊奇，深感宋朝有奇才能人。在充分的证据面前，辽国宰相无话可说，只好放弃了他们的无理要求，沈括运用智慧捍卫了宋朝的尊严，他不愧是一位出色的外交家与地图学家。

沈括带着随从的官员从辽朝回来，一路上，每经过一个地方，他便把那里的大山河流，险要关口，画成地图，还把当地的风俗人情，调查得清清楚楚。回到东京以后，他把这些资料整理起来，献给宋神宗。宋神宗龙颜大悦，直夸奖沈括立了大功，为犒赏他，加封他为翰林学士。

力排众议提倡科学的十二气历

治平四年（1067年），宋英宗病逝，神宗即位，改年号为"熙宁"。沈括晋升为馆阁校勘，奉诏编修《南郊式》。这是皇帝祭天的礼仪章程。每年冬至日，由皇帝主持在京城的南郊筑坛祭天。为此，总要兴师动众，大修宫阙亭苑，广征奇花异石，帐幔蔽日，彩旗漫天，不仅劳民伤财，而且礼仪繁缛，天子百官视为负担，颇感倦怠。神宗才20岁出头，意欲改革，又恐违背祖训，便命沈括详加考订，重修礼仪。

沈括将历代的祭天礼仪考察一番后，删繁就简，保留精髓，使新的仪式显得更加庄严隆重。上奏朝廷，龙颜大悦。从此，冬至日的祭天活动，免去了游园观赏，压缩土木工程和珍奇征集之役，节省了开支，臣民称道。这也是沈括革新变法的初步尝试。

在昭文馆里，忙上加忙，沈括挤出时间钻研历代天文书籍，提出了不少科学创见。有一次，一位大臣问他："日和月的形状，究竟是像一颗弹丸呢，还是一柄团扇？"

"像弹丸。"沈括对此素有研究，早就深思熟虑过，这时自然脱口而出。

"何以见得？"

"可以用月的盈亏来验证。"沈括回答。"月本无光，好比一颗银丸，太阳光照射其上，才有反光。我们看到新月，那是太阳光照在它的侧面，好似一弯银钩。太阳离月渐远，日光斜照，月亮也就渐渐圆满。"

沈括边说边擎起一个圆球。圆球表面一半涂有白粉。他把圆球白粉的一面正对大臣，说："这是满月，月亮是一轮正圆。再把圆球移至侧面，涂白粉的地方显示弯钩形。大人请看，月亮像弹丸否？"

沈括这一番直观的比喻，浅近而又贴切地阐发了东汉天文学家张衡的主张——月不发光，只是日光反照。

大臣越听兴趣越浓，又问："那么，日食、月食又是怎么回事呢？"

沈括回答："月亮运行到太阳和地球之间，挡住了太阳光，地面上投下了月亮的影子。在那里见不到太阳，这就是日食。同样，月亮走进地球的影子里，太阳光射不到月亮上，月食便发生了。所以，月食一定发生在满月的望；日食必定出现在月初的朔。"

"依你所说，每月都会发生一次日食、一次月食喽？"那位大臣对天文颇有研究，以为这次可以问倒沈括。不料沈括不慌不忙，依旧侃侃道来：

"当然，并不是每次朔、望都出现日食和月食。这是因为太阳走行的轨道'黄道'和月球走行的轨道'白道'，这两个圆环不在一个平面上，而有一个很小的交角。只有在黄道、白道交点附近，日、月、地三者成一直线时，才会发生日食或者月食。"

沈括还解释这日月轨道的交点沿着黄道后退，每月退行一度多，经过249次相交后又恢复原状。这些日月食的成因、过程及其规律，他都说得一清二楚，而且和现代科学的结论相当接近，足见沈括在昭文馆里不曾虚掷光阴。昭文馆的藏书为他提供了丰富的知识乳汁，哺育他成为科学巨人。

由于编修《南郊式》，发表了独创的天文见解，使神宗皇帝对沈括刮目相看。神宗分派他参与详细校定浑天仪的工作。北宋历代皇帝对历法改革都是比较重视的，但是他们这样做的目的并不在于积极发展科学事业，而主要出于政治需要。因为历法是否准确，除了与农业生产和人民生活有关，还与统治阶级的命运有着紧密的联系。在封建统治阶级看来，历法与天象相吻合，正好说明朝廷的统治与天意是一致的。统治阶级总要借天象欺骗人民，同时自己也受天象的控制。北宋时期由于经常受到北方的辽和西夏的侵扰，国势较弱。又由于阶级矛盾尖锐，农民不断举行起义，因此统治阶级特别迷信于天象，总是希望能从天象中突击探出老天爷的意向。正由于这个原因，历法才受到北宋历代皇帝的重视，在一定程度上促进了这一时期的历法改革活动。

浑仪是测量天体方位、观察星象的重要仪器。经过历代的发展的演变，到了宋朝，浑仪的结构已经变得十分复杂，三重圆环，相互交错，使用起来很不方便。为此，沈括对浑仪作了比较多的改革。

战国中期出现的原始的浑仪十分简单，只有两个环——赤道环和四游环。四游环绕极轴旋转，环上有窥管，窥管可以转动角度来观测天体，后来经张衡、李淳风等科学家一次又一次的改进，越来越复杂、精密。沈括时代的浑仪分内、中、外三层。外层固定不动，由地平圈、子午圈和赤道圈组成。内层是附设有窥管的四游环，绕极轴旋转。中层由三个相交的圆环——黄道环、白道环和赤道环构成，分别用以表示太阳、月亮和恒星的位置。

沈括发现白道环显示的月亮的位置与实际不符，而且常常遮掩部分天区，妨碍窥管的观测，使用起来很不方便。白道环成了累赘。其实，月亮的位置很容易计算出来。因此沈括决定取消白道环。他还挪动了黄道环和赤道环的位置，使它们不再遮挡窥管观测的视线。

他同时放大了窥管，他是从观察北极星而发觉窥管的缺点的。北极星自古以来被看成是在北天正中，位置永不偏离的。祖冲之的儿子祖暅测得北极星距离天极不动处一度多。沈括将窥管对准天极，经过不多时分，只见北极星越出了窥管的视野。于是，他换上一根稍粗的窥管再观察，还是跟不上北极星的游转。这样，窥管逐渐加粗，从原先可观测一度半的视野，最后扩大到七度，历时三个月，每夜初、中、后各观测北极星一次，北极星总在窥管视野之内，常见不隐。为此，沈括画了二百多幅北极星的位置图，得出比祖暅更为精确的结论：北极星偏离天极不动处最远时有三度多。

沈括取消白道环、加粗窥管，有了充分根据后，决心制作新的浑仪。他先做了一个新浑仪模型，再放大制成新浑仪。这是浑仪发展史上的里程碑，为后来元代科学家郭守敬进一步改革和简化浑仪，创制更先进的简仪，准备了条件。

要精确测定时间，沈括还深入研究了浮漏和景表。

浮漏又称漏壶、漏刻，是古代利用水的流动来计量时间的一种仪器。由求壶向复壶供水。复壶侧壁上部有一支管，当水面超过时，多余的水从上支管溢出，流往废壶，使复壶内水的高度保持不变。复壶因此以均匀不变的速度滴漏。滴漏出的水流进箭壶，使箭壶内的箭舟不断浮起，箭舟上的漏箭伸出壶盖，露出刻度，标示出时间。

历代浮漏都用曲颈龙头，水流不畅，还容易折损。沈括把它改为直颈。流水的侧管原先都用铜制，沈括改为玉制，避免铜锈蚀而生成铜绿污染水质、堵塞漏孔。经过沈括改进的浮漏，水流畅通，计时准确，经久耐用。

沈括观测浮漏时刻，也观察到许多人已发现的奇怪现象：每逢冬至前后，景表测出的时间已满一昼夜，但漏箭刻度并没有到顶；而每到夏至前后，景表报出不到一昼夜，漏箭却已显示出一昼夜的刻度。众人都认为冬夏水流的通畅程度不同，水流快慢有别，所以使漏箭刻度出现偏差。

唯独沈括不同意这种臆测。他想起340多年前唐代天文学家僧一行的发现：太阳在黄道上运行的速度并不是均匀的，冬季稍快，夏季稍慢。沈括坚持观测了十多年，比较景表与浮漏报的昼夜长短差别，发展了僧一行的研究成果，证明一年内每昼夜的长度都有微小的差异。

为了修正浮漏与景表显示的昼夜长短差异，以往都是每一节气换用不同刻度的漏箭。这种办法既麻烦，又没有从根本上解决每昼夜的长度天天有微小变化的问题。

沈括提出"招差术"，用数学上的内插法来精细地修正漏箭读数，即，知道各节气那天的修正值后，按变化的趋势计算出两个节气间每天的差别。这样既方便又准确。首创内插法是沈括在数学上的贡献。

上述发现和发明，沈括都写进《浑仪议》《浮漏议》中。连同他研制成功的浑仪、浮漏等天文仪器，一并呈献神宗。浑仪安放在汴京迎阳门城楼上，神宗偕文武大臣视察后十分满意，赏赐完毕，命移入司天监使用。

这次校定浑天仪成功后，沈括受诏兼任"提举司天监"，即司天监的主管。司天监是观测天象、制订历书的中央机构。在这里，沈括在观天改历的同时，还展开了整顿司天监的斗争。

熙宁五年（1072年），沈括进入司天监主持工作。他首先了解司天监原来的业务活动，明察暗访。从表面上看，司天监的观测结果每次都和皇宫里的天文院相互对照，严加监督。天文院里有漏刻、观天台和铜浑仪等观测天象的设备，和司天监里的完全一样。每夜天文院都要报告星象的实况，有没有发现凶吉征兆，呈送报告的时间必须赶在皇城开门之前。开门之后，司天监的观测报告才送到。把这两种报告相互核对，以防弄虚作假。

但是，沈括发现，司天监和天文院私下串通，夜间从不观测天象，日月星辰的位置和运行情况全是白昼从历书上推算出来的，然后编出一模一样的报告来。这种做法早已习以为常，皇宫内外都心照不宣，相互包庇。

沈括气愤已极，决心革除积弊。他逐个考核官员的业务水平和履历，发现他们大多是仰承世袭、白食俸禄的酒囊饭袋，一次，预报日食有误，第二天不见日食。恰巧那一天下了一夜小雨，又有皇太子降生，百官借机向皇帝庆贺。有个朝官献给皇帝一首诗："昨夜薰风入舜韶，君王未御正衙朝，阳辉已得前星助，阴诊潜随夜雨消……"竟把见不到日食说成是皇帝因为像尧舜一样关心民间疾苦，所以日食的不祥之兆悄悄地随着一场夜雨消失了。

沈括想，如此不学无术的庸碌之徒，怎么能修得成历法！他抓住司天监与天文院勾结舞弊的证据，一次就罢免了六个官员。同时，吸收一批有真才实学的人，组成技术培训班，分五科进行训练，学成后量才录用。

经过这么一番整顿，一时间司天监还真的出现了一番新气象。

整顿司天监，罢免不学无术的历官后，沈括深感监内有用人才急缺。那么从何处发掘人才呢？他从司天监档案里翻检出一则木钟馗的记载来，颇受启迪。

二三十年前，有一个姓李的术士，向荆王敬献一个钟馗样的木偶。这木偶精雕细刻，活动自如，有二三尺高，左手托着香饵，右手握住一块铁板。当老鼠攀缘而上吃食时，木钟馗的左手便捉住老鼠，右手随即挥动铁板把老鼠击毙。原是打鬼判官的钟馗，竟专门逮起老鼠来，而且百发百中，不禁令荆王开怀大喜，当即将李术士收为门客。

有一天，司天监报告当天黄昏将出现月食。李术士声称有法术可以祈求上天消弥这次月食。荆王让他施法术试一试。果然，那天黄昏没有月食发生。荆王以为李术士真有祈天唤月之术，即刻上奏皇帝。皇帝命令内侍省调查这件事。李术士不敢隐瞒，据实禀报说：

"我本来精通历法，知道崇天历所预报的月食，发生时间比实际偏早。这次月食其实应在戌末亥初时（相当于现代晚九点）出现。只是因为我出身微贱，王府不会接见我，便向荆王献上我制作的木偶钟馗，因为它很精巧，荆王必定喜欢，我才得以面见荆王。现在又假称祈祷的法术可以阻止月食发生，惊动了朝廷。我的本意是提醒朝廷，颁行的崇天历法到了需要修订的时候了。"皇帝见李术士精通天文、历法，就赐他进入了司天监。经过考核，李术士终于如愿以偿，在司天监里当了历官。

沈括从李术士联想起他十八年前在楚州（今江苏淮安）认识的一个卜卦者卫朴。卫朴双目失明，却精通算学，通晓历法。他能娴熟地把小竹片做成的算筹摆成一个个算式，飞快地挪动算筹，用手一摸，迅速报出筹算（古时称计算为筹算，以算筹来计算的意思）的结果。有的旁观者故意跟卫朴开玩笑，趁他不注意抽走几根算筹。卫朴尽管看不见，在继续筹算时还是发觉了，并依原样补上。原来，卫朴的心算能力很强，加减乘除往往只需心算，背诵历书，听一遍就可复述，一字不差。

如今，不知卫朴是否还在楚州给人占卦算命？沈括连忙派人寻访，征召卫朴进司天监。司天监官员们见卫朴是个布衣，又是瞎子，靠卖卜为生，更无科举功名，这样的人，怎么有资格进入司天监呢！大家议论纷纷，甚至怀疑沈括任人唯亲，营私舞弊。沈括见众人藐视卫朴，便当场出题，命卫朴回答，官员们陪考。第一题，考问史籍记载的历次日食情况时，众官员搜肠刮肚，也只答出了十之二三，而卫朴却娓娓道来，如数家珍。第二是诵历书一卷，命众人默写。官员们叫苦连天，大多数交了白卷，而卫朴却口诵如流，真是过耳不忘。旁人故意念错一字，也逃不过卫朴的耳朵。卫朴果真不负沈括的厚爱，担当起修订新历的重任。

没有一部历法可以奉为金科玉律，永远不用修改。而颁行新历法，往往意味着改朝换代。因此，北宋各代皇帝几乎都颁行过新历法，如《应天历》《乾元历》《仪天历》《崇天历》《明天历》等。尽管名目繁多，但是都来源于唐代天文学家僧一行（张遂）修订的《大衍历》。沈括认为，宋代各历法皆不及《大衍历》精确真实。他认为，修订历法除了数学推算，还必须与天文实测的数据相核对，这也是《大衍历》比较精确真实的根本原因。因此，沈括提出编修新历单靠推算不行，还必须参照实测天体的记录。

　　沈括准备用他新制的浑仪、浮漏和景表等天文测量仪器，安排天体实测。即，每天黄昏、夜半和拂晓，各观测月亮和金、木、水、火、土五星的位置，记录在"候簿"上。五年的记录积累起来，足可以核实一下新历是否符合实际了。

　　卫朴凭他出色的筹算本领，已经把旧历法调整好，只待"候簿"上积累出比较多的实测记载，仔细参照核对之后，便可上呈神宗皇帝了。可是卫朴是盲人，自己不能亲眼观测月亮和五星的位置，他心里焦急万分。沈括很体谅他，早已安排妥贴，指派司天监专人观测天象，定期将记录念给卫朴听。

　　司天监的官员们对沈括整顿官衙、提拔卫朴一直心怀忌恨，现在又让他们熬夜观测天象做记录，向卫朴报告，便恨得咬牙切齿，气急败坏，只是敢怒不敢言，于是就在"候簿"上做手脚，暗中破坏编修新历的工作。

　　卫朴左等右等，等不来天体实测记录。时间不等人，卫朴又用了三个多月仔细推算，以《大衍历》为基础，找出《崇天历》和《明天历》的偏差，将节气往前提，将闰月往后推，制订成新历初稿。

　　中国古代一贯是阴阳历交用的，因此在历法上存在一个根本问题，就是阴阳历之间的调合问题。我们知道，月亮绕地球的运转周期为 29.530588 天，地球绕太阳的运转周期则为 365.242216 天，这两个数互除不尽。这样，以十二个月来配合二十四节气的阴阳合历就始终存在矛盾。虽然我们祖先很早就采用了闰月的办法来进行调整，但是历日与节气脱节的现象还是时有发生。1074年修成了新的历法。新历确定以 365.243585 日为一回归年，虽比现在实测的 365.2422 日稍大一点，但比以前所行的宋历都要准确得多。沈括将新历进呈神宗，神宗大加夸奖，赐名《奉元历》，并颁行全国。

此后，沈括又经过长期周密细致的研究，提出了一个彻底改革的方案，这就是他的《十二气历》。他首先讨论了置闰法。他说，置闰法是古代遗留下来的，本来不应议论。但是有许多事情古人不可能预见到，而有待于后世发现。只要所说的是真理，就不应该有什么古和今的区别。沈括肯定了事物运动变化具有规律性，反对盲从古人，认为学术思想应该不断有所发展，不能老是停留在前人的水平上。这些思想都是难能可贵的。

他接着讨论了历法中出现的"气朔相争"现象。认为产生这种现象的根本原因在于，一年有十二个月，一月有二十九天，两者互除不尽。虽有闰月的方法来进行调节，但"闰生于不得已"，是一种无可奈何的补救方法，不能根本解决问题。他得出结论说，寒去暑来，万物生长衰亡的变化，主要是按照二十四节气进行的，而月亮的圆缺与一年农事的好坏并没有很大关系。以往的历法仅仅根据月亮的圆缺来定月份，节气反而降到了次要地位，这是不应该的。正是从以上考虑出发，他提出了经纯阳历取代阴阳合历的建议，这就是《十二气历》。沈括指出，只有纯阳历才能把节气固定下来，从而更好地满足农业生产对历法的需要。

我国原来的历法都是阴阳合历，《十二气历》它以十二气作为一年，一年分四季，每季分孟、仲、季三个月，并且按节气定月份，立春那天算一月一日，惊蛰算二月一日，依此类推。大月三十一天，小月三十天，大小月相间，即使有"两小相并"的情况，不过一年只有一次。有"两小相并"的，一年共有三百六十五天；没有的，一年共三百六十六天。这样，每年的天数都很整齐，用不着再设闰月，四季节气都是固定的日期。至于月亮的圆缺，和寒来暑往的季节无关，为着某些需要，只在历书上注明"朔"、"望"，作为一般内容。

按中国古代历法，阴历和阳历每年相差十一天多，古人虽采用置闰的办法加以调整，仍难做到天衣无缝。沈括经过周密的考察研究，提出了一个相当大胆的主张：废除阴历，采用阳历，以节气定月，大月三十一日，小月三十日。这种历法当然是比较科学的，对于农民从事春耕、夏种、秋收、冬藏十分有利，然而却因否定了老祖宗的"经义"而"十二气历"却是纯粹的阳历。

这些改革措施使司天监的气象为之一新，但是，封建统治阶级却并不关心这一切。统治阶级一方面把历法作为巩固封建统治的工具，另一方面又害怕人民利用历法来造自己的反。为了把历法牢牢地掌握在自己手里，垄断对天意的解释，北宋朝廷颁布过严禁私习天文的法令。天文学研究和编制历法本来是一种学术活动，但由于它和封建帝王的利益联系在一起了，就使得历法改革随时有可能被卷入政治斗争的旋涡，那些有志于改革历法的人也必然会经常受到来自封建统治阶级的巨大压力，有时甚至遭到迫害。而在保守势力看来，阴阳合历是沿用了千百年的祖宗旧制，沈括要彻底打破它，是绝对不能容许的判逆行动。

沈括早已预料到《十二气历》会招致非议，他自己会因此受到谩骂攻击。他说："我起先验证说一天的百刻有长短的差别，人们已经怀疑我的说法。后来我又说二十个月里北斗七星斗柄所指的方向会随着岁差而有所改变，人们就更加惊骇了。现在这个《十二气历》肯定会招致更猛烈的攻击了。但是我坚信日后一定有采用我这个主张的那天。"沈括的这些预言今天果真实现了，关于夏天和冬天一天的时刻有长短之别，斗建要随岁差而迁移，这些早已成为科学的定论。

由于编修《奉元历》的工作从一开始就受到了严重的干扰和破坏，沈括和卫朴的全面改历计划或没有完全实现。这时是熙宁八年（1075 年），沈括已升任更高的官职，不再兼管司天监了。司天监这个上层官僚机构，很快又恢复原状，贵族子弟又混入司天监，挂空名，吃闲饭，谈玄学，凑数字，再也没有生气可言。而辛辛苦苦编修《奉元历》的卫朴受赐 100 贯铜钱的盘缠后，就被解聘回乡了。

但是，沈括坚信科学终究不会被埋没的真理。果然，《十二气历》在被埋没了八百多年以后，开始重新受到了人们的关注。事实上，清末农民革命政权——太平天国所颁行的"天历"，其基本原理就是与《十二气历》完全一致的。本世纪三十年代英国气象局开始颁行的用于农业气候统计的《耐普尔·肖历》，也是节气位置相对固定的纯阳历，其实质与《十二气历》也是一样的。

在中国古代数学史上开辟高阶等差级数研究的方向

沈括对数学也有着独到的研究。刚过"而立"之年的沈括，曾在一位转运使手下当官。在频繁的接触中，转运使发现沈括才华出众，很想把才貌双全的女儿嫁给他。正在这时，一位多嘴多舌的同僚告诉他，说近来沈括常出入酒馆，回来就闭门不出，想必是醉得人事不省，在蒙头大睡哩。转运使听后心中十分不悦：没想到这青年平时仪表堂堂，做事一丝不苟，竟是个酒鬼！这样想着，便径直闯入沈括住处。推开门一看，那沈括正在摆弄桌上摞起来的酒杯。见转运使大驾光临，沈括忙让座倒茶，并把这些天的发现对上司娓娓道来。原来，酒馆里常把酒桶堆成长方台形体，从底层向上，逐层长宽各减一个，看上去四个侧面都是斜的，中间自然形成空隙，这在数学上称为"隙积"。

所谓"隙积"，指的是有空隙的堆积体、例如酒店中堆积的酒坛、叠起来的棋子等，这类堆积体整体上就像一个倒扣的斗，与平截头的长方锥（刍童）很像。但是隙积的边缘不是平的，而中间又有空隙，所以不能照搬刍童的体积公式。沈括经过思考后，发现了正确的计算方法。他以堆积的酒坛为例说明这一问题：设最上层为纵横各 2 个坛子，最下层为纵横各 12 个坛子，相邻两层纵横各差 1 坛，显然这堆酒坛共 11 层；每个酒坛的体积不妨设为 1，用刍童体积公式计算，总体积为 3784/6，酒坛总数也应是这个数。显然，酒坛数不应为非整数，问题何在呢？沈括提出，应在刍童体积基础上加上一项"（下宽 − 上宽）×高/6"，即为 110/6，酒坛实际数应为（3784 + 110）/6 = 649。加上去的这一项正是一个体积上的修正项。在这里，沈括以体积公式为基础，把求解不连续的个体的累积数（级数求和），化为连续整体数值来求解，可见他已具有了用连续模型解决离散问题的思想。

数学上又把计算中间空隙的体积的方法，叫做"隙积术"。他苦思冥想，就是在研究"隙积术"。

转运使听罢，这才转怒为喜。没多久，沈括便成了转运使的乘龙快婿。沈括是历史上第一个发明"隙积术"的人。日本数学家山上义夫评价说："沈括这样的人物，在全世界数学史上找不到，唯有中国出了这样一个。我把沈括称做中国数学家的模范人物或理想人物，是很恰当的。"

沈括还从计算田亩出发，考察了圆弓形中弧、弦和矢之间的关系，提出了我国数学史上第一个由弦和矢的长度求弧长的比较简单实用的近似公式，这就是"会圆术"。这一方法的创立，不仅促进了平面几何学的发展，而且在天文计算中也起了重要的作用，并为我国球面三角学的发展作出了重要贡献。

会圆术是对圆的弧矢关系给出的比较实用的近似公式，主要思想是局部以直代曲。沈括进一步应用《九章算术》中弧田的面积近似公式，求出弧长，这便是会圆术公式。沈括得出的虽是近似公式，但可以证明，当圆心角小于 45°时，相对误差小于 2%，所以该公式有较强的实用性。这是对刘徽割圆术以弦（正多边形的边）代替圆弧思想的一个重要佐证，很有理论意义。后来，郭守敬、王恂在历法计算中，就应用了会圆术。

此外，沈括还应用组合数学法计算，得出围棋可能的局数是 3361 种，并提出用数量级概念来表示大数 3361 的方法。沈括还在书中记载了一些运筹思想，如将暴涨的汴水引向古城废墟来抢救河堤的塌陷，以及用挖路成河、取土、运输，最后又将建筑垃圾填河成路的方法来修复皇宫等。沈括对数的本质的认识也很深刻，指出："大凡物有定形，形有真数。"显然他否定了数的神秘性，而肯定了数与物的关系。他还指出："然算术不患多学，见简即用，见繁即变，乃为通术也。"

沈括的研究，发展了自《九章算术》以来的等差级数问题，在我国古代数学史上开辟了高阶等差级数研究的方向。

沈括对物理学研究的成果也是极其丰富而珍贵的。在光学方面，沈括通过亲自观察实验，对小孔成像、凹面镜成象、凹凸镜的放大和缩小作用等作了通俗生动的论述。他对我国古代传下来的所谓"透光镜"（一种在背面能看到正面图案花纹的铜镜）的透光原因也做了一些比较科学的解释，推动了后来对"透光镜"的研究。沈括精心设计了一个声学共振实验，他剪了一个纸人，把它固定在一根弦上，弹动和该弦频率成简单整数比的弦时，它就振动使纸人跳跃，而弹其他弦时，纸人则不动。沈括把这种现象叫做"应声"。用这种方法显示共振是沈括的首创。在西方，直到十五世纪，意大利人才开始做共振实验。至今，在某些国家和地区的中学物理课堂上，教师还使用这个方法给学生做关于共振现象的演示实验。

此外，沈括最早发现了地理南北极与地磁场的 N、S 极并不重合，所以水平放置的小磁针指向跟地理的正南北方向之间有一个很小的偏角，被称为磁偏角。

在军事医学方面皆有建树

沈括从小习剑舞枪，熟读过舅父许洞的兵书《虎铃经》，对北宋的边防战事素来关心。由于王安石重视边防，西北边境地区的防务情况也随之大有好转。宋朝廷从西夏手中收复了广大地域，但是在北方，契丹族的辽国国力日盛，虎视眈眈地威胁着宋朝廷的安全。在河北边境，稍有一点加强防务的举动，如修堡垒、挖河沟，契丹就会立即向宋王朝提出抗议。

宋辽边境的紧张气氛，使神宗十分慌乱，匆忙发布命令，对民间的车辆实行登记，以备战事爆发时紧急征用。神宗以为契丹入侵，必定用马队做前锋，对付马队必须动用兵车。但是登记民车却引起了百姓的惊恐，百姓以为战火马上就要烧到家门口了，连自家的牛车官府都要征收了，再加上地方官吏和土豪劣绅乘机敲诈勒索，更是闹得鸡犬不宁、人心惶惶。

这个时期的北宋，阶级矛盾和民族矛盾都十分尖锐。辽和西夏贵族统治者又经常侵扰中原地区，掳掠人口牲畜，给社会经济带来了更大的破坏。

这时，沈括婉转地劝神宗收回成命，不要再搞民间车辆登记。沈括说："对付契丹的马队，用兵车抵挡当然好。只是打仗用的兵车都是马拉的战车，奔驰快速，绝非老百姓耕地驮载的老牛木车所能代替的。时下登记民车，白白惊动老百姓，虚张声势而无实效，不如稳定民心，加紧做一些强国防务的事。"

熙宁七年（1074 年），沈括被任命为河北西路察访使，任务是视察和整顿边防。他沿用历来行之有效的陂塘拒敌方法，在同契丹接壤的河北平原上，利用原先修建的陂塘，筑埝灌水，成为大面积塘泊。一旦契丹入侵，这大片的水面、沼泽，将会给敌人的马队造成极大的阻滞。

当时边境平静无战事，如果大张旗鼓修筑陂塘，势必会惊动契丹，招来干涉和破坏。沈括和部下装做打猎的样子，作为掩护，实际上是在勘察地形，把方圆几百里的山河、道路和村寨了解得一清二楚。随后，沈括决定向朝廷汇报边境的地势和修筑陂塘的计划，但怎样才能做到表达清晰，一目了然呢？他想，把小本本上的图做成立体的模型，那么山川、陂塘就如在眼前，形象逼真，不知胜过平面地图多少倍。

他尝试过用面糊和上木屑，捏出山脉、河谷的形状，但是面糊容易干裂，后来发现蜡烛油熔化后，滴注在木板上，容易塑成立体的地形图，还可以用小刀切削，在蜡烛油上还可以插各种竹扦作为标志。这种蜡制立体地形图，便于制作，容易修改。修改好以后，交木匠照样雕刻成木质地理模型，就十分精细逼真了。

立体地形图连同奏章由飞马报送朝廷，神宗看了十分满意。他同意修复陂塘。陂塘所占的地都是荒芜的盐碱地，灌水后兼收鱼、虾、荷、苇等副产品，成为北方边境自然屏障，是加强防务的好办法。

沈括修复了保州（今河北保定）、顺安军（今河北高阳东）一带绵延30里的塘泊。又引徐、鲍等河水，注入废弃的徐村淀，成为横亘在深州（今河北深县）北方的50里水上防线。他还在定州（今河北定县）北面的蒲阴旧城，利用废城堡垒安置营寨，以便密切监视契丹的动静；在深州、赵州（今河北赵县）加固城防；在澶州（今河南濮阳）架设浮桥。

在察访河北西路期间，沈括按照新法的要求，设置了保甲制度。保甲法规定，每十户一小保，设保长；每十小保为一大保，有大保长；十大保组成一都保，有正副都保长。男子为保丁，闲时耕牧，战时入伍。都保结成坊市，外围设门筑墙，平时站岗巡逻，防止契丹奸细混入。这些措施稳定了北宋的封建统治，也加强了边防力量。

沈括任河北西路察访使不久，朝廷见他熟谙军事，博学多才，又委任给他新的职务——兼判军器监，军器监主管军事改革和兵器生产的工作。在这之前，兵器都是由各州、军的军器作坊制作，朝廷三司的胄案只是统计管理而已。地方官吏往往偷工减料，应付差事，中饱私囊，致使兵器质量很差，既不坚固也不轻巧，不能适应战争的需要。弓箭十有四五不能张开、远射，盔甲有的则是用纸糊麻缝，刀枪更是锈钝脆弱。

为了置盔甲、造箭，沈括深入作坊，向铁匠请教。他见工匠将铁块烧红后，取出在铁砧上锤打，每锻一次称一次重，直至再锻锤后斤两不减，则百炼成钢。这是热锻。他还观看羌人冷锻，将厚厚的铁片锤打到只有原来的三分之一厚薄，做成铠甲，在五十步外用强弩射箭也不能入，偶尔射中甲片上用来缝缀的钻眼，箭头的铁竟然被钻眼边缘刮得翻卷过来，可见这种冷锻的铁甲，竟比热锻的更坚硬。这样，沈括只用了一年多时间，就添置盔甲近八千副，造箭一百三十多万支，库存量明显增加。假如战争爆发，足可供数十年之用！

古代打仗以步兵为主，讲究阵法。阵法的运用是否得当，直接影响战斗力的发挥，因此神宗命六宅使郭固制定了《九军阵法》。

《九军阵法》以九军为一营阵（军队行进为阵，驻扎成营），外围环绕着驻扎另一支军队。十万军队集中在方圆十里的范围之内，各军面面相对，而以侧背向敌。阵法下达各军后，将领们认为这种阵法难以执行，便将实情上奏神宗，神宗令沈括重新议定。

沈括认为，天下哪里有供十万军队布阵的方圆十里的平坦之地呢，要是有山丘、溪谷、森林出现在阵地中，又该如何对待呢？这好比九个人包裹在一层皮里，怎么施展得开，怎么能发挥战斗力呢？这一阵法显然不切实际。

于是，沈括提出新的《九军阵法》：九军各自为阵，前后左右分列，各占有利地形，另以驻队向外伸展，也可依地形自成营阵。这样，作战时九军分合自若，秩序井然，分则各成营阵，合则可为一大阵，当中形成"井"字形，四条通路，九营军队"背背相承，面面相向，四头八尾，触处为首"，配合默契，运动灵活。

神宗听后，觉得理由充分，当即下诏颁行沈括详定的《九军阵法》。这一阵法收入沈括的著作《边州阵法》，在枢密院存档。

在兼判军器监任上，沈括除了研究阵法、兵器外，也研究修城筑垒的战守防御技术，编纂成《修城法式条约》一书，记载了当时城防用的敌楼、马面、团敌、女墙等法式。

"马面"是城墙向前突出的部分。当敌兵迫近城墙根时，守城的士兵不必像过去那样，探出多半个身子去张弓射箭，以免遭敌人射击的危险。他们可以在马面那儿，掩蔽在城墙的缺口里，向城墙根和邻近马面墙根处的近敌劲射。沈括发现，马面是少数民族创造的防御工事，恰恰是北宋城防工事中所缺少的。

也正是这时候，契丹厉兵秣马，准备南侵。他们派使者萧禧到汴京开封，向神宗致书，声称宋军侵越边界，修筑戍垒，占住居民，要求北宋后撤。实际这是契丹蓄意挑起事端，制造口实是为了给南侵找借口，以此扩大版图。

辽国的通牒威胁一下达，一时间如巨石落水，在北宋激起轩然大波。君臣忧心忡忡，急忙商议对策，七嘴八舌，一时都没了主意。

原来，宋朝廷自太宗统一中原和南方以后，为了收复五代时石敬瑭割让给契丹的幽州（今北京）、云州（今山西大同）等十六州，曾两次出兵攻辽，但是都被辽军打败。后来，契丹大军直逼黄河北岸，开封吃紧。宋军固守澶州，士气高涨。宋军本来可以取胜，只因朝廷腐败畏战，反而向辽国请求议和，订下"澶渊之盟"（澶州又名澶渊郡）。条约规定，宋朝廷每年向辽国交纳十万两白银、二十万匹绢。从此，辽宋之间暂时未发生大的战事。

后来，契丹国力更加强盛，见北宋外交政权日渐柔弱，就想重温澶渊之盟旧梦。北宋驳斥了契丹所有的无理要求，契丹就发动了战争，攻下了永乐城。沈括身为鄜延路经略安抚使，措施不当，指挥有误，朝廷认为他负有首要责任，被贬为"团练副使员外郎"。

"团练副使员外郎"不过是一种挂名虚衔，名为州官，但必须住在随州（今湖北随县），而且不得处理公务，不准离开随州。沈括实际上失去了人身自由，从此，他告别仕途，结束了自己的政治生涯。

其实沈括是冤屈的，在永乐筑城，他既非首倡，又一再反对；在永乐防务期间，他也曾向朝廷表明：永乐城守难，不如弃城；永乐城被围的时候，他一边派出军队救援，一边又返身固守绥德，以便保住鄜延大局。朝廷当时派一位钦差大臣插手，此大臣胡乱指挥，造成永乐失守，理当负主要责任。

无奈之下，沈括洒泪惜别鄜延，这里有他驰骋过的疆场，他曾在这挥洒热血，戍边卫国。这里有他开拓的草原，他曾施展才干，改革变法。这里有他收复的国土，他曾激昂慷慨，向往塞外羌人尽唱汉人歌的胜利局面。

沿着漫漫黄土道，沈括满怀惆怅和困惑来到随州，栖身在法云禅寺里。

　　此时的他，不能再批阅公文、处理公事了，甚至连一个朋友和亲人都见不到，每天和孤寂、凄凉相伴。在登上随州汉东楼时，他回想自己从青年时代起就为国事操劳，从地方到朝廷，再从江南村野到北疆塞外，刚过中年，就已经两鬓染霜，他不禁感慨万千，随口吟道："野草粘天雨未休，客心自冷不关秋。寨西便是猿啼处，满目伤心悔上楼。"

　　沈括过着闲居的生活，慢慢地，他发现随州竟是个天然的草药园。吟诗读书之余，他便去拜访药农，识别草药，还串家走户，搜集民间中医的偏方和验方。后来，沈括将收集到的医术和药方，著成《良方》一书。

　　沈括自幼身体羸弱多病，再加上长期秉烛夜读，患了眼病。俗话说，"久病成医"，沈括就注意搜寻起医书来。没想到，渐渐地，他竟然对医学产生了浓厚的兴趣，并对医药进行一番研究。随着医学知识的不断积累，他的药用植物学知识已经十分广博，并且还有自己的独创。在所著《良方》一书中，他批评一些医生只知医法，不懂变通，他认为人的疾病是会受到自然界变化的影响，虽相隔数里，但气候不同，相应的情况也会全然不同。随着环境变化，会出现相应的流行疫病，应该根据当时当地的情况来治病，岂可以千篇一律？

　　同时，沈括从实物出发，辨别真伪，分析一物多名，纠正了许多古书上的错误。比如杜若就是高良姜，赤剑和天麻是同一药……在采药的时间和部位上，他纠正了一些普遍的谬误。比如，旧习惯在二月、八月采药，他认为不妥，应视药用部位是根、茎、叶、花还是实，具体决定采收时间；他举"人间四月芳菲尽，山寺桃花始盛开"为例，指出植物生长的地势有高低，一年有几熟，而栽培上功夫也不同，药草生长并不一律，要针对植物的实际生长情况和用药的需要来确定采药时间。

沈括主张对症下药，辨证施治，而不可呆板、硬性地规定"一君、二臣、三佐、四使"。他主张把药性温和厚实的定为"君"，其次为"臣"、"佐"，有毒者多为"使"。其实，"君"是一张药方中的主药，应视病情而定。比如治疗积食腹胀，应以巴豆之类的泻药为主，那么有毒的巴豆也就是"君"，就是主药。

不朽之作《梦溪笔谈》

沈括具有求索精神，具备实证方法，正是这种对科学的严谨态度，使他在晚年归退后著成了传世之作——《梦溪笔谈》。

《梦溪笔谈》是一部大型的综合性的学术著作，书中以大量篇幅记述了当时的政治、军事、法律、人事以及一些传闻轶事、艺文掌故等。对赋役扰民、西北与北方军事利弊及典礼礼仪和古代音乐演进，均有翔实记载。该书对于研究北宋社会、政治、科技、经济诸方面有重要参考价值。

就性质而言，《梦溪笔谈》属于笔记类。从内容上说，它以多于三分之一的篇幅记述并阐发自然科学知识，这在笔记类著述中是少见的。因为沈括本人具有很高的科学素养，他所记述的科技知识也就具有极高价值，基本上反映了北宋的科学发展水平和他自己的研究心得，因而被现代人誉为"中国科学史上的坐标"。《宋史沈括传》说："括博学，善文，于天文、方志、律历、音乐、医药、卜算，无所不通，皆有所论著。"李约瑟说："沈括是中国科学史中最奇特的人物。"列宁称沈括为中国十一世纪"两个伟大的人物"之一。

在《梦溪笔谈》中，沈括详细记载了劳动人民在科学技术方面的卓越贡献和他自己的研究成果，反映了我国古代特别是北宋时期自然科学达到的辉煌成就。比如在北宋元丰年间，庆州地区出现了子方虫，正要危害田野里的庄稼。忽然又有一种虫子出现了，样子像泥土中的狗蝎，它的嘴上长有钳子，成千上万，遍地都是。它们遇见子方虫，就用钳子搏击它，子方虫全都被截为成为两段。十天后，子方虫全都被消灭，农民因此而获得大丰收。这种虫子过去就有，当地人称它为"傍（旁）不肯"。

《梦溪笔谈》中还有关于北宋的建筑家喻皓的一则趣闻：朝廷要在杭州梵天寺修建一座木塔，才建了两三层，它就开始晃动。工匠师傅说："木塔上没有铺瓦片，上面轻，所以才这样。"于是就叫人把瓦片铺排在塔上，但是木塔还像当初一样晃动。没有办法时，匠师就秘密地派他的妻子去见喻皓的妻子，拿金钗送给她，要她向喻皓打听木塔晃动的原因。喻皓笑着说："这很容易啊，只要逐层铺好木板，用钉子钉牢，就不会晃动了。"工匠师傅遵照他的话去办，塔身就稳定了。因为钉牢了木板，上下更加紧密相束，上、下、左、右、前、后六面互相连接，就像只箱子，人踩在那楼板上，上下及四周板壁互相支撑，塔当然不会晃动。人们都佩服喻皓的高明。

《梦溪笔谈》还记录了沈括经历过的一些科学事件。一次，沈括的妻子刚推开楼上房间的门，猛听得案上的古琴发出"铮铮"的弹奏声，吓了一大跳，忙唤丈夫前来观看。沈括四下一望，见院墙外面正有一支迎亲队伍穿街而过，鼓乐声还不绝于耳。"原来如此。"沈括和妻子进入房中，命仆人取来另一架琴，又用剪刀剪了个小纸人，贴在琴弦上。然后，他走到原来的古琴旁，用手指用力拨动琴弦，结果，那贴在另一架琴上的纸人竟颤颤巍巍跳动起来，同时弦上发出"铮铮"的声响。"瞧见了吗？这就是声学上的共振现象。如果琴弦音度相同，拨动一架琴上的弦，另一架琴上相应的弦就会振动，发出声音。刚才街上娶亲的鼓乐声传来，你正开门，引起古琴的共鸣，就是这个道理。"沈括为研究琴瑟谐振现象而做的这种小实验，欧洲人直到 17 世纪才想到。至今，在某些国家和地区的中学物理课堂上，教师还使用这个方法给学生做关于共振现象的演示实验。

还有一次，沈括听说，慎县发生了一起殴打致死人命案。可是，知县前往验尸时，却怎么也查不出死者的伤痕。后来，听了一位老者的指教，知县命人把尸体抬到日光下，又用红伞遮住阳光，那尸体上的各处伤痕顿时就清晰地现了出来。沈括细细琢磨，反复实验，最后才明白这是滤光的作用。新的红油伞，就像是今天的滤光器，皮下瘀血的地方一般呈青紫色，白光下看不清楚，但在红光下却能清晰显现。沈括把这次"红光验尸"的奇迹记载在他的《梦溪笔谈》中，给后代法医、物理工作者以很大的启示。

《梦溪笔谈》中还记载了有关于光的直线传播，沈括在前人的基础上，有更加深刻的理解。为说明光是沿直线传播的这一性质。他在纸窗上开了一个小孔，使窗外的飞鸟和楼塔的影子成像于室内的纸屏上面进行实验。根据实验结果，他生动地指出了物、孔、像三者之间的直线关系。此外，沈括还运用光的直线传播原理形象地说明了月相的变化规律和日月蚀的成因。在《梦溪笔谈》中，沈括还对凹面镜成像、凹凸镜的放大和缩小作用作了通俗生动的论述。他对我国古代传下来的所谓"透光镜"的透光原因也作了一些科学解释，推动了后来对"透光镜"的研究。

沈括具有朴素的唯物主义思想和发展变化的观点。他认为自然界事物的变化都是有规律的，而且这些规律是客观存在的，是不以人们的意志为转移的。他还认为事物的变化规律有正常变化和异常变化，不能拘泥于固定不变的规则。唯物主义的思想倾向，使沈括十分重视劳动群众的实践经验和发明创造，他不断地从劳动人民那时汲取智慧和力量。沈括很尊重他们伟大的发明创造。在其所撰的《梦溪笔谈》卷第十八《技艺》中，就详细记载了宋代庆历年间（1041—1048 年）出身"布衣"的毕升所发明的活字印刷术。

唯物主义的思想倾向，决定了沈括对于自然现象和科技成就的记述具有一定的科学性。他观察和描述事物非常细致、具体、准确，没有封建时代一般文人虚词浮夸的坏习惯。因此，通过他的记述，我们能够明确地判断他那个时期生产技术和自然科学所达到的水平。例如，沈括有关雷电、海市蜃楼、龙卷风、地震以及陨铁等自然现象的记载，非常细致贴切而生动形象，使人们仿佛亲临现场。

在《梦溪笔谈》中，如实地记录了宋英宗治平元年（1064年），常州地区发生的一次陨星坠落的真切生动的情景。

有一天，正逢太阳落山的时候，天空中发出了一声像雷鸣般的巨响，原来是一颗大星，几乎像月亮一样，在东南方出现。一会儿又一声巨响，这颗大星移到西南方去了。再一声震响后，这颗星就落在宜兴县一个姓许的人家的园子里，远近的人都看到了，火光明亮照天，许家的篱笆全被烧毁了。

这时火熄灭了，只见地面上有一个像茶杯大小的洞穴，很深。往下探看，大星就在洞穴里面，发着微弱的光。过了好久，才逐渐暗下来，但是还热得让人不能靠近。又过了很长时间，挖开那个洞穴，有三尺多深，才得到一块圆形的石头，此时还是热的呢，它大小如拳头，一头略微尖些，颜色与铁相似，重量也与铁差不多。

在沈括十八岁那年，黄河泛滥，滔滔河水冲垮了汴京东北一百多公里处的商胡大堤（今河南濮阳东北）。决口宽八百多米。汹涌的黄河水淹没大片良田，冲毁民房数万间，守卫边防用的战备粮草器材也损失了八九成。决堤的洪水如脱缰野马，掉转方向，径直向北，直逼汴京的门户北京（今河北大名），当时的形势十万火急。宋仁宗特派管理财政的高级官员三司度支副使郭申锡督办堵口。

郭申锡奉皇帝命令，丝毫不敢怠慢，星夜飞马赶赴商胡。他亲临现场，指挥一次又一次的堵口，却一直没有成功。消息报到京城，人心鼎沸。沈括也十分牵挂，一心想看个究竟。在征得父亲的同意后，沈括便直奔商胡。

原来，这八百多米的河堤决口，经过上万民工昼夜鏖战，已从决口两端筑堤，收缩成不到百米的口子。但是，黄河正值汛期，上游水势不减。决堤之水被拦截在窄小的缺口中，犹如笼中被困的雄狮，狂怒咆哮，翻波涌浪，势不可当。堵住缺口，叫做"合龙门"，是堵口成败的关键。当时合龙门用"埽"。埽的形状就像一支支硕大无比的蛋卷，每支长六十步，粗二到四步（一步合古营造尺五尺，约当今一米六），由碎石、泥土做心，卷上秋秸、树枝、苇草，最后用竹索扎紧。合龙门时，民工们用绳索将埽拽引到缺口处，沉入水中，堵住缺口。原想一次就可以堵住的，但是龙门水流湍急，埽被冲断拆散，秋秸和泥石随水流泻，一次又一次的合龙均归于失败。民工们夜以继日，精疲力竭，又累又沮丧，有一位年轻的河工名叫高超，他想出了一个新办法。他说："埽身太长太大，不容易一下子沉到底。流水还没有堵住，绳索就被冲断了。如果把六十步长的埽分为三节，每节长二十步，彼此以缆绳相连，先下第一节，当第一节压到底后，再下第二节，然后再下第三节，龙门就不难合上了。"

高超的建议呈报到主管工程的郭申锡那里，郭申锡不以为然。他认为千百年来都用长埽堵口，一次压到底方可奏效。老规矩如此，新招又有何用。二十步长的短埽不能一下子断水，分成三节下，耗费更多，也堵不住决口。于是，革新方案就被搁置一旁，合龙一误再误，无法成功。朝廷得知后，责怪郭申锡无能，将他降职，调离堵口的指挥岗位。

当时镇守大名府的魏国公贾昌朝是个有心人。堵口不成功，大名府将遭水淹，危在旦夕。合龙的事像块大石头时刻压在他心上。他一天几次往黄河决口处巡视。在工地，他和沈括相遇。贾昌朝见高超言之有理，而墨守陈规的郭申锡却拒不采纳，只得暗地里命军士们在下游打捞被急流冲下来的长埽，回收许多秸秆、竹索。这时正是郭申锡被撤职之际，无人指挥，贾昌朝赶紧请高超发号施令，调动民工制做短埽，分节下水，终于巧合龙门，堵住了黄河大堤的决口。

沈括记载下河工高超巧合龙门这件事，使这位普通民工的创造发明才得以传颂至今。从此，抗洪堵口都采用高超的三节下埽法。

《梦溪笔谈》以提供丰富的学科内容并具有很高的学术价值著称于世，被誉为中国古代百科全书式的优秀著作。《梦溪笔谈》的巨大成功，为沈括赢得了无比的荣誉，他不仅是一位地理学家、物理学家、数学家、化学家、医学家、天文学家，水利专家、兵器专家、军事家等百科全书式的科学家，更是一位横跨自然科学与人文科学两大学科领域的"稀世通才"。

为人处事不走寻常路

生于 1031 年的沈括，大苏轼五岁，却晚他六年中进士。中国科学与人文的两位大师很有缘分，在"皇家图书馆"曾做过同事。1065 年，苏轼进入史馆，而沈括在前一年调入昭文馆工作。

短暂的同事经历后，苏轼于 1066 年父丧后回乡两年多，等他再返回东京，就与沈括走上了不同的政治道路。1069 年（宋神宗熙宁二年），王安石被任命做宰相，进行了激进的改革。沈括受到王安石的信任和器重，担任过管理全国财政的最高长官三司使等许多重要官职。苏轼却与改革家王安石意见相左，他与"保守党"领袖司马光一起，组成著名的反对派。

由于获得了皇上的信任，王安石的改革进行得很顺利，无人能阻挡。1071 年，作为反对派代表，苏轼被贬到了杭州担任"二把手"的通判一职。当时，他已成了家喻户晓的著名诗人。其间，沈括作为"中央督察"，到杭州检查浙江农田水利建设。

到了杭州，虽然政见不同，诗人苏轼还是把沈括当老同事、好朋友。这期间，苏轼写了很多诗词，沈括就把苏轼的新作抄录了一通，回到京城后，他立即用附笺的方式，把认为是诽谤的诗句一一加以详细的"注释"，"发现"、"发明"这些诗句如何居心叵测，反对"改革"、讽刺皇帝等等，然后上奏给了皇帝。

例如，苏轼歌咏桧树的两句："根到九泉无曲处，世间唯有蜇龙知。"沈括说："皇帝如飞龙在天，苏轼却要向九泉之下寻蜇龙，不臣之心莫过于此！"

沈括不会想到，在他提供的揭发材料的基础上，李定等混进改革派队伍的投机政客会出来添油加醋、上纲上线，制造出了中国历史上骇人听闻的文字狱"乌台诗案"。

1079 年（宋神宗元丰二年）苏轼被逮捕，以"愚弄朝廷"、"无君臣之义"等罪名而入狱。

苏轼下狱后生死未卜，在等待最后判决的时候，他的儿子苏迈每天去监狱给他送饭。由于父子不能见面，所以早在暗中约好：平时只送蔬菜和肉食，如果有死刑判决的坏消息，就改送鱼，以便心里早做准备。有一次，苏迈因银钱用尽，需要出京去借，便将为苏轼送饭的事情委托朋友代劳，情急之中却忘记朋友与父亲暗中约定之事。偏巧当日那个朋友送饭时，给苏轼送去了一条熏鱼。苏轼一见大惊，以为自己凶多吉少，他极度悲伤，挥笔为其弟苏辙写下诀别诗二首。其一："圣主如天万物春，小臣愚暗自亡身。百年未满先偿债，十口无归更累人。是处青山可藏骨，他年夜雨独伤神。与君今世为兄弟，更结来生未了因。"其二："柏台霜气夜凄凄，风动琅珰月向低。梦绕云山心似鹿，魂飞汤火命如鸡。额中犀角真君子，身后牛衣愧老妻。百岁神游定何处？桐乡应在浙江西。"诗作写成后，狱吏按照规矩，将诗篇呈交神宗皇帝。宋神宗一直就很欣赏苏轼的才华，并没有将其处死的意思。只是想借此挫挫苏轼的锐气。当读到苏轼的这两首绝命诗，感动之余，也不禁为他的才华所折服。加上当朝很多人为苏轼求情，于是神宗下令对苏轼从轻发落，贬其为黄州团练副使。轰动一时的"乌台诗案"就此了结。

虽然沈括是一个检举揭发的"高手"，还非常"小人"地干过文字狱的勾当，但在以立德、立言、立功为"三不朽"的传统中国，在北宋那个崇文读经、吟诗填词的主流时代，理科被视为末学，甚至被讥为奇技淫巧的旁门左道，产生伟大的科学家是很难的。沈括作为科学家是成功的，他一生从事的研究领域极为宏阔。《宋史》评价他说："博学善文，于天文、方志、律历、音乐、医药、卜算无所不通，皆有所论著。"

仁宗嘉祐七年（1062年），沈括从东海调到陈州宛丘（今河南淮阳）任县令。他明白，这是靠他父亲官职的余荫，由朝廷照顾而得来的官职。只要不犯上违令，就可以平平稳稳地一步步升官，不会碰到多大风险的。但是他胸怀宏大抱负，不愿安享清闲，要凭自己的真本事大干一番事业。

当时社会兴科举制度，要有所作为只有走应试中举之路。沈括自幼熟读经典，诗文皆通，他决定参加翌年秋天的科举考试。

他母亲的故乡苏州，正是科举试场之一。沈括在这次应试中一举及第，考中进士第一名"解头"，可以进京朝见皇上。仁宗赐给了他一个官职——扬州司理参军，掌管监狱讼事。然而，就是这样一位英才，却二十多年与一位"河东狮吼"为伴，纵使"血泪斑斑"，他也一往情深。沈括前后有两任妻子，第一任妻子叶氏在治平四年（1067 年）突然因病亡故。第二任是淮南转运使张刍之女。

沈括到扬州上任，拜会上司淮南转运使张刍。张刍十分赏识沈括的才华，和他谈了一天还兴犹未尽。后来皇上下诏要转运使举荐下属官员一人进京。张刍未加犹豫，便保举沈括去汴京当昭文馆编校。几年后，沈括丧妻，张刍看到沈括聪明勤勉、谦虚谨慎，熙宁二年（1069 年），就把他的二女儿嫁给了丧妻的沈括。

张氏是京城女子，年轻貌美，父亲又是朝廷命官，与生俱来的贵族气质令张氏飞扬跋扈，沈括处处依顺着张氏。

后来，张氏的跋扈简直到了令人发指的地步。有一次，沈括不知为何惹怒了张氏，张氏冲上来一把揪住了沈括的胡子，沈括看到面前那张狰狞可怖的脸，下意识躲闪着，张氏紧紧拽着胡子不松手，沈括往后退想要挣脱，顷刻间胡子和下巴分了家，沈括的下巴鲜血直淌，家人们吓得捂住眼睛，不忍看这血腥的一幕。这之后，沈括怕张氏怕到了骨子里，每次听到张氏的声音，忍不住浑身战栗。沈括前妻之子博毅，被后娘赶出家门。沈括心中不忍，时常暗中接济。张氏得知后，大发雷霆，竟然诬陷博毅偷盗。

沈括就是在这样的高压氛围中创作完成了《梦溪笔谈》，这本在中国科技史上占有重要位置的著作笔触亦不乏幽默诙谐，捧读令人忍俊不禁，不知沈括在叙述这些的时候，是否脸上有伤心中有泪。沈括到镇江八年后，元祐九年（1094年）张氏去世了。素知张氏刁蛮暴戾的朋友庆幸沈括终于摆脱了苦难，沈括却哭得一把鼻涕一把泪："张氏不在了，我活着还有什么意思?"从此，沈括痛不思食寝不安席，整日郁郁寡欢。一次，在江边和朋友们提起了张氏，沈括一言不发抬脚就要跳江寻短见，幸好被朋友拉住了。就这样，张氏走后一年，沈括也与世长辞。

沈括故居梦溪园

沈括三十多岁时曾做过一个梦，梦见他登上了一座景色秀丽的小山。山上有一条小溪，溪水清澈，游鱼历历可见；溪边乔木参天，绿荫蔽野；不远处丘陵起伏，花木繁茂，如同斑斓的锦绣一般。这美景令沈括心旷神怡，在梦中都笑出了声。

十几年后，沈括在安徽宣城任职时，遇见一位道人告诉他，雄居长江南岸的镇江是一个好地方，建议他在那里购置一块好地方，作为日后归隐之所。沈括听从了他的建议，在镇江东郊购置了一所十几亩地的园子。六年后，当沈括退出政坛来到这所园子时，他发现这园子竟和他当年梦中情景相同，这使他非常高兴。于是就将园中的一条无名小溪命名为"梦溪"。这园子也因此被称为"梦溪园"。

晚年的沈括决定在竹影摇动、溪水潺潺的梦溪园潜心著述，颐养天年。在幽静的梦溪园里，他闭门谢客，深居简出。在梦溪园里，他不停地著述。他要把他一生的经历见闻、科学研究的成果，都一一写下来。

现在的梦溪园是原梦溪园的一部分，占地2亩，计2幢建筑。前幢为清代修建的硬山顶平瓦房，坐东朝西，当中设正门入园，门上方嵌有茅以升题写的"梦溪园"大理石横额。后幢为清式厅房，坐北朝南，内有沈括全身像和文字图片、模型、实物，展现了沈括在天文、地理、数学、化学、物理、生物、地质、医学等方面的科研成就。室内两对抱柱上的对联是沈括一生的高度概括和评价，左侧写的是：

沈酣于东海西湖南川北国之游梦里溪山尤壮丽，

括囊乎天象地质人文物理之学说笔端谈论纵横。

右侧写的是：

数卷奇文物志无心匀翠墨，

一钩初月南航北驾为苍生。

"梦溪"两个石刻的大字，是沈括的手迹。那巍然站立的沈括塑像，青衣便髻，左手托着陨石，右手抚展卷面，默默地深究，永不停息地深思……

第五章

钱乙——妙手仁心奠定中医儿科之圣

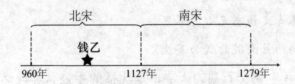

钱乙是杰出的医学家，专注儿科近四十年，被誉为中医儿科之圣。在钱乙离世后，其学生阎季忠将他的临床经验加以收集整理汇编成《小儿药证直诀》。

《小儿药证直诀》：对小儿生理、病理、辩证施治和制方用药等颇有创见，比欧洲最早出版的儿科著作早三百年，是中国现存第一本以原本形式保存下来的儿科学专书。

孤儿寻父尽孝道

北宋仁宗年间，在山东郓州（今山东东平县）的一个村落简陋的房子里，有一个男子，正在收拾包裹。在他的对面，一个三岁的小男孩，正坐在板凳上睁大眼睛看着他。这个小男孩，就是钱乙。他的父亲钱颢，一边收拾行囊，一边对钱乙说："儿子，你妈死得早，以后就只有靠你自己了。"年幼的钱乙不会理解他在说什么，只是睁大眼睛听着。钱颢用力打好了最后一个结，说道："我要去寻找神仙了，如果找到了，我会回来带你一起成仙，如果找不到，今天就是我们父子俩诀别的日子。"钱乙还是怔怔地看着父亲。钱颢将几文钱放在钱乙身边，拍拍小钱乙的脑袋，然后拿起酒壶，喝了口酒，背上行囊，出门扬长而去。

望着父亲远去的背影，小钱乙仍然不知道到底发生了什么，他呆呆地坐在凳子上，用手使劲地抠着木头凳子，眼睛里含着眼泪。虽然他不知道父亲到底要做什么，但是，他唯一感觉到的是：只剩下他孤零零地一个人了。妈妈离开了人世，爸爸又撇下他一个人走了，在这个世上，钱乙只有姑妈一个亲人了。钱乙的姑妈，心地善良，早年出嫁到姓吕的医生家里。她看到哥哥狠心把钱乙抛弃，她就把钱乙带回了家。姑妈家只有一个女儿，姑父和姑妈便把钱乙当做了自己的亲生儿子看待。

钱乙在姑姑一家人的照料下，慢慢地长大了。从小就失去了父母的钱乙得到了父母般的照料，从表面上看，他的脸上洋溢着幸福的微笑。但是，人们总是觉得这个孩子有点什么不同，这种不同表现在他跟随姑父出诊的时候，如果遇到了患病的孩子，看到孩子孤独、痛苦的表情时，他的眼睛里会同样被痛苦灼伤。

村子里张铁匠家的孩子病了，才两岁，不知道是什么病，高热，抽搐，吃了药也没有效果，钱乙在旁边，当看到孩子无助的目光时，钱乙感到了一种彻骨的疼痛。他仿佛看到了这个孩子陷入了黑暗中，被人世间孤单地抛下。这种感觉钱乙似曾相识，他的心被猛烈地敲击着。孩子最后还是死去了。钱乙呆呆地坐在院子的外面很久，望着远方，说不出一句话来。这是个秋天，旁边枣树的树叶随着风慢慢飘下，更透出一种无法言语的凄凉。回到家里，吕郎中已很疲惫了，但他还是拿出了一本很旧的书给钱乙。钱乙诧异地望着姑父。姑父说："如果你有心于此，就看看这本书吧。"钱乙接过书一看，只见封面上写着"颅囟方"三个字，忙问道："这是什么书呢？"姑父说："这是专门治疗小孩疾病的医书，是中古巫妨写的，你可以好好看看。"（这本书的原本现在已经遗失了）钱乙好奇地翻开了书，又问："为什么治疗小儿的书这么少呢?"姑父叹了口气,说:"那是因为小儿的病难以治疗啊。"钱乙不解地问:"为什么难以治疗?"姑父摸着钱乙的头,无奈地说:"因为小孩子自己不会说话,没法儿自己说清病情,还不配合诊脉,所以不好诊断啊。还有,他们的脏腑娇嫩,用药稍微错一点就会酿成大祸,所以大家说:宁治十大人,不治一小儿啊。"钱乙点着头,目光变得坚定了起来,"原来是这样啊,那么,我就好好地学习治疗小儿的病吧!"

就在这样的日子里,钱乙度过了他独特的童年,十岁那年,姑父让小钱乙上了私塾。每天放学回来,钱乙仍保持儿童时的习惯,坐在姑父身边,看他开药方治病。时间长了,钱乙发现来找姑父看病的多数都是穷苦人。他们看完病后往往露出为难的神色说:"吕大夫,我只有这点钱,怕不够付药费吧?"姑父总是说:"没关系,没关系!"有的人实在身无分文,就只好留下几个鸡蛋或一把青菜顶药费,姑父也从不计较。他告诉钱乙说:"做医生以救人为本,不能像商人一样唯利是图。只要看好病就是医生的最大快乐。"

姑父纯洁的心灵、高尚的医德和对穷苦人的深厚感情,使钱乙受到了良好的教育。十四岁时,念过五年书的钱乙已成了姑父的得力助手。他主动帮姑父抄药方、配药,给病人上热敷、针刺等,既帮了姑父的忙,又学到了医疗知识。到了十七八岁时,钱乙就可以单独处理一些小病了。有一天,钱乙送走一位白痴小儿病人后告诉姑父说:"我看,有许多病都是儿时得病的后遗症,可见治愈小儿病非常重要。""你说得对,可惜姑父在这方面医道太浅,以后,你就在这方面下工夫吧。有志者事竟成,以后家里看病我承担,你抽时间看看书,到外面走走,对提高医道是有好处的。"姑父诚恳地说。

在姑父的鼓励和支持下，钱乙决心摸索儿科疾病，让孩童少遭夭折，让老人少受丧子之悲。他把古医经中所有儿科病的资料都集中到一起，加以对比研究，并跑遍各地，边行医，边广泛采集民间治疗小儿科病的土方。经过几年努力，他终于在汉代名医张仲景总结的辨证施治的基础上，摸索出一套适合小儿用的"五脏辨证施治法"，还研究出几十种专治小儿病的药方，成为一代名医。

钱乙开始在学习《伤寒论》等经典的同时，更加着力在《颅囟方》的学习上，当时谁也没有想到，这本《颅囟方》在吕郎中的手里没有学出大的名堂，在钱乙那里却创造了一个非凡的成就。这就是钱乙的少年时代，白天和姑父出去诊病，晚上在家里苦读医书。在这样的日子里，钱乙一天一天地长大了。

中国乡村的医疗条件一直不是很好，宋朝的时候更是境况恶劣，连草药都很缺少。于是，在出诊之余，钱乙就跟着姑父到山里采药。钱乙的姑父的带动下，精勤好学，认真钻研《内经》《伤寒论》《神农本草经》等。特别是《神农本草经》，他"辨正阙误"，所下功夫很深。他特别精通《本草》等书，分辨其中正误和遗缺的地方。有人找到奇怪罕见的药物，拿去问他，他总能说出该药生长的过程、形貌特点、名称和形状方面与其他药的区别。把它说的拿回去与书对照，都能吻合。后来，当人们拿着关于草药的问题来请教钱乙的时候（有时是一些没有见过的草药），他总是从"出生本末"到"物色名貌"的差别，详详细细地解答，总是对答如流。事后一查本草书，果然"皆合"。这让大家无比佩服，觉得钱乙是学医的天才。实际上，这都是钱乙跟随姑父进山采药时学会的知识，加上他好学，晚上回来再翻翻书，就理解得更深刻了。

在钱乙二十岁的时候，姑父去世了。这位慈祥的乡村医生培养出中医儿科的奠基人，却连自己的名字都没有留下，并且逝世前还告诉了钱乙的身世。钱乙悲痛欲绝。钱乙听完后，脑子乱了。时常做的梦竟然是真的，被抛弃的感觉原来是真的。钱乙哭完后，想了想，对姑父说："是您把我抚养成人，我一定像对待亲生父亲一样对待您。"家里只有姐姐和他了，他必须担当起责任，他安葬了姑父以后，其时，姑母于早些年逝世，吕氏一家只剩下比钱乙大的一个女儿。

古代规矩，父母丧期不能结婚；但是如果父母双亡，女儿出嫁反算是大孝。早熟的钱乙开始以家长的身份为姐姐张罗婚事。很快，弟弟为姐姐找好一户人家。到姐姐出嫁的日子了。钱乙穿戴上了自己最干净的衣服，以女方家长的身份送姐姐出嫁。时辰到了，鞭炮响起，大门打开了。大家看到这个家里仅剩下的两个人走了出来，姐姐和弟弟。

在姐姐坐上轿子的那一刻，钱乙的眼泪流了下来，他闭上了眼睛，心中默念："姑姑、姑父，你们该安息了！"

在婚礼后，钱乙把姑父留下来的房子卖掉，然后把钱送到了姐姐那里。姐姐看他背着行囊很诧异："弟弟，你要去哪里呢？"钱乙："姐姐，这里的事情都结束了，我要去寻找我的父亲了，如果他活着，他该需要我了。"

从此，钱乙踏上寻找生父钱颢的路途。钱乙听说父亲是到东海里找"神仙"去了，便直接在海边搭了一间小屋，隔段时间便乘船出海。前几次，钱乙总是乘兴而出，败兴而归。大约第五次的时候，他出海到一个无名小岛上，捡到一张关于医书的破纸。这让他非常兴奋，因为他感觉是冥冥之中有神在指点。功夫不负有心人。下一次出海后，在另一个无名小岛上，他看到一间小屋，屋里有个满面胡须的中年男人正在看书。当钱乙激动地说"我叫钱乙"时，那中年男人先是愣了愣，随即喜极而泣。父子俩自是一番深谈，然后一起踏上回家的路途。父子二人一路走走停停，花了好几年才回到乡里。钱颢最终过上了幸福的晚年。回到乡里，乡亲们都被感动了。这才是真正的孝顺。老子抛弃儿子，儿子长大了，把父亲接回来养老了。乡亲们被钱乙的孝行所感动，纷纷当作教育子女的活教材，而邻里的秀才们专门为他写诗立传，流传四方。

钱乙白天行医，晚上陪着父亲。他精心地照顾着父亲，同时开始了有规律的行医生涯，七年以后，父亲去世了。钱乙用隆重的葬礼安葬了自己的父亲。钱颢东游，是想寻找天上的幸福，却没有想到，真正的幸福就在他的家里，在他儿子的孝心里。

一贴"黄土汤"救了皇太子

宋神宗元丰年间（1078—1085 年），钱乙前往京城开封行医，治好了不少疑难杂症，一时间在京城声名鹊起。这一年，宋神宗的姊妹长公主的孩子病了，遍请了皇宫中的太医，京城的名医给诊断的都是泄痢，这种病在当时很难根治，这可把长公主的全家上下急坏了，大家都惶惶不安，担心孩子的安危。这时，府上有人突然想起了钱乙，于是赶紧对长公主说："这位钱乙治疗小儿病那可是真有功夫，在民间传得很是神奇。"长公主一听，焦躁不安的心里立即生出了一线希望，急忙说："那还等什么啊，赶紧派人把这位钱乙大夫请进府来。"

当晚，钱乙正在家中饮酒，已经喝得有些醉了。驸马府上的人来到钱乙家里，二话没说，就把钱乙带到了驸马府。钱乙一身酒气地被带到重重帷幕之内，他睁开醉眼一看，床上卧着一个病怏怏的孩子，钱乙的神智才开始清醒起来，酒也醒了大半。他认真地对患儿进行了诊断，然后长长地出了口气，起身，退了出来。驸马很着急，忙问："怎么样？"钱乙回答："没问题。"驸马一闻：咦？怎么一股酒气？胆子太大了，驸马当时气得变了脸色。钱乙不紧不慢地说："请驸马不用担心，小孩的身上很快就会发疹子，疹子发出来就好了。"驸马一听，更恼火了："你给我闭嘴！明明患的是泄痢，和出疹子有什么关系！你实在是个庸医。"然后一巴掌把桌子给拍掉了一个角："来人，把这个乡下土郎中给我轰出去！"钱乙听了，一言不发，转身就走。

第二天，驸马和长公主正在一筹莫展之际，使女来报，孩子出疹子了。两个人奇怪，一看，果然是出了一身疹子，孩子的精神也足了。两人觉得怪。这医生还真知道这病的发展吗？驸马再去请钱乙。一到钱乙家，正坐着呢，说，你们来了，出疹子了吧？之后又经复诊，用了一些药，后来彻底好了。长公主觉得奇怪。但还是很纳闷地问钱乙："您怎么知道出疹子就会好啊？"钱乙回答："我昨天已经看到有微微的疹点，疹子外发，毒邪有外透之机，不至于内闭，当然就有让正气得以恢复的机会了，所以断定人死不了。我再用药辅助正气，让毒邪全部泄出，病就好了啊。"大家一听，都觉得他高明。驸马和公主很感谢他，便把他高超的医术奏明皇帝，并授予他一个虚衔。

　　一天，神宗皇帝的太子仪国公突然生病，请了不少名医诊治，但是毫无起色，病情越来越重，最后发展到抽搐。神宗皇帝见状十分着急。这时，长公主向神宗皇帝推荐钱乙来诊病，于是，钱乙被召进宫内。神宗皇帝见钱乙身材瘦小，貌不出众，有些小看他，但是既然召来，只好让他为太子仪国公诊病。钱乙从容不迫地诊视了一番后，要过纸笔，写了一帖"黄土汤"的药方。心存疑虑的神宗皇帝接过药方一看，见上面有一味药竟是黄土，不禁勃然大怒："你真放肆，难道黄土也能入药吗？"钱乙胸有成竹地回答："据我诊断，皇太子仪国公的病在肾，肾属北方之水，按中医五行原理，土能克水，以土制水，水平风息，所以此症当数用黄土。"宋神宗见钱乙说得头头是道，心中的疑虑已去几分。

　　正好这时皇太子仪国公又开始抽搐，皇后在一旁催促道："钱乙在京城诊病颇有名气，他的诊断很准确，皇上勿虑。"于是，皇帝命人从炉灶中取下一块焙烧过很久的黄土，用布包上放入药中一起煎汁。皇太子仪国公服下一剂后，抽搐症很快止住。服用"黄土汤"数剂后，疾病奇迹般痊愈了。这时，宋神宗才真正信服钱乙的医术。由于钱乙医术精湛，待人谦和，神宗皇帝提升他为太医丞。自此，钱乙名扬天下，后来被尊称为"儿科鼻祖"。

　　黄土入药听来奇怪，其实还是很常见的，但这不是用的普通黄土，而是灶心土，也就是在农村灶台下经过反复烘烤过的黄土。灶心土还有一个好听的名字叫"伏龙肝"，它的作用主要是温中止血。这一下大家就明白了，灶心土得了灶火的烘烤，性质发生了变化，才具有了温中的作用。用现代医学的眼光来看等钱乙的治疗思路，其实很简单：孩子肝风内动的原因不在于"缺水"，而在于"水太多"。"脾土"因此而不固。而"肝属木"，土又生木。因此，补足"脾土"才能固摄住"肝木"，治好抽风症。现在，很多孩子都有儿童抽动症，平常挤眉弄眼，总闲不住，且脸色发黄、身体瘦弱。这样的孩子可以考虑从脾入手进行调理。只要补足脾土，孩子的情况可能就会得到缓解。补脾的食物有很多，山药、莲子、薏米、芡实等都可以。不过，钱乙当年所用的"灶中黄土"在今天已经很不适合了。

编写《小儿药证直诀》青史留名

邻村有孩子叫阎季忠，这个孩子在五六岁时，患了好几次病，这病重得好多大夫都说治不了了，准备后事吧。孩子的父亲是个读书人，在京城做官，急得像热锅上的蚂蚁，坐立不安，后来有人就告诉他："东平的钱乙医术高超，远近闻名，估计人家能有办法，你不妨试一试。"于是孩子的父亲就把钱乙请来了，结果钱乙很快就把阎季忠给救活了。从那以后，两家还成了朋友。阎季忠长大了以后，看到钱乙老师救了这么多的人，感到这是一件好事情，为了使儿童免遭夭折的命运，他就把钱乙老师经常用的药方和方法给记录了下来。

还有一个孩子叫董及之，这个孩子当时也病得不轻，他患的是斑疹，由于治疗不当，结果变成了危候，斑疹已经黑紫内陷了，这是说明正气已经大虚，如果再抢救不及时就会导致死亡了，家长这个时候真是急疯了，怎么办呢？这时有人提出来了："听说钱乙治疗小儿病是手到病除啊，怎么不请来呢？"一句话让董及之的父母如梦初醒，于是赶快请来了钱乙。结果钱乙用一种叫牛李膏的药，给孩子服下去后，孩子就开始拉出了像鱼子那样的大便，接着，斑疹开始变红，最后慢慢地发了出来。这种病，就怕斑疹往里走，那叫内陷，危险着呢；如果往外走，发出来就好了。

孩子救活以后，家里人惊奇无比，就问钱乙："钱老师，您太厉害了！可您用的这个牛李膏是怎么做的啊？您能告诉我们吗？万一孩子以后再患这个病呢，我们也好一试？"钱乙就直言相告："其实牛李膏就是牛李子，等到九月份后摘下来，熬成膏，少放进一点麝香就可以了。"给董及之看完病以后，钱乙也就把这个事情给忘了，患者太多了，有时想记住都难。后来，钱乙年老时，从太医丞的位置上退了下来，回到故乡。

一天，有个叫董及之的年轻医生来拜见他。董及之？钱乙怎么想都想不起来这个名字了，那就请进吧。董及之进来，拜见了钱乙后，拿出了自己写的一个小册子，叫《董氏小儿斑疹备急方论》。钱乙打开来一看，大吃一惊，连声赞叹："写得好啊，这都是我平时研究的内容，可我还没来得及写出来呢，你居然已经掌握了！真是长江后浪推前浪啊！而且还如此愿意把自己的心得写出来传授给大家（有惬素所愿以授人），真是难得啊，这样吧，我来给你写几句评语放在卷尾吧。"看来这钱乙是真的看好这位年轻医生了，就以他太医丞的地位给写几句话，还是那么客气的言辞，真是太难得了。写完了钱乙就问，你怎么会找到我这里的呢？（意思是我不大认识你啊！）董及之说："您可能不大记得了，我小的时候您救过我的命啊！"然后提了些细节，钱乙这才想了起来，原来是这个孩子啊，现在已经长得这么大了，还成了一个医生！董及之成为了一个什么样的医生呢？当时有人描述了他的行医状态，说"往来病者之家，虽祁寒大暑，未尝少惮"，意思是说，无论严寒或酷暑，只要有患者来找，他都立刻奔赴患者家中，患者中有贫穷的，他都要周济一下。真是一个好医生啊！

钱乙以精湛的医术，救活了一个孩子，而这个孩子，在这种高超医术的感召下，最终成为了一个优秀的医生。医道，也就是在这样的过程中传承下来的。

后来，当钱乙的书《小儿药证直诀》出版的时候，就把董及之的这个小册子也附加在书尾一起给出版了。这本小册子，它里面包含了很多温病的治疗思路，是后世温病学派的众多起源之一。此外，他把古今有关儿科资料一一采辑，加以研究。钱乙由于对小儿科作了四十年的深入钻研，终于摸清了小儿病诊治的规律，积累了丰富的临床经验，著有《伤寒论指微》五卷，《婴孺论》百篇等书，但皆散失不传。现存《小儿药证直诀》，或叫《小儿药证真诀》是钱乙逝世后六年，由他的学生阎季忠（一作考忠）将他的医学理论，医案和经验方，加以搜集、整理而成的，是我国现存最早的儿科专著，在儿科发展史上占有重要地位。

在钱乙之前，有关治小儿病的资料不多。据《史记》所载，扁鹊曾为小儿医，东汉卫汛著有《颅囟经》，惜已失传。巢元方的《诸病源候论》，孙思邈的《千金方》，也有关于儿科病的记载。到宋初，有人托名古代师巫撰《颅囟经》二卷，谈到了小儿脉法，病证诊断和惊痫、疳痢、火丹（即丹毒）、杂证等的治疗方法。钱乙对这部书反复研究，深有启发，并用于临床，收到疗效。钱乙还借助于《颅囟经》的"小儿纯阳"之说的启示，结合自己的临床实践在张仲景总结的辨证施治的基础上，摸索出一套适应小儿用的"五脏辨证"法。

钱乙认为小儿与成人相比较，在生理、病理上有其自身特点。如小儿在生理上"五脏六腑，成而未全，全而未壮"，在病理上"脏腑柔弱，易虚易实，易寒易热"。因此，其感受邪气之后，往往较成人的抗邪能力降低，易为邪气所伤，多见邪实之证。

但另一方面，邪气侵犯人体之后，由于小儿脏腑气血未充而柔弱，邪气损耗正气，又易于使小儿正气受损而转为虚证。其阳气不充盛，被耗伤则生寒；其阴精不充足，被耗伤又可生热，故而病理上虚、实、寒、热变化迅速。钱氏的这一理论认识，为正确掌握小儿疾病的发展变化规律奠定了理论基础。因此，在小儿疾病的具体治疗时，他反对妄攻误下。认为对于儿科疾病，除非必下不可之证，可以根据年龄体质以及正邪情况酌情使用外，一般不宜妄用。

此外，钱乙在《内经》《金匮要略》《中藏经》《千金方》的基础上，将五脏辨证方法运用于小儿，为儿科临床治疗提出了辨证方法。他认为"心主惊"，"肝主风"，"脾主困"，"肺主喘"，"肾主虚"。其中，钱氏十分重视脏腑寒热虚实的辨析，而且针对不同的病症提出了一系列相应的治疗方法。可以说，是较有系统的脏腑辨证体系，虽不十分全面，但已经有其初步框架，对中医脏腑辨证学说的形成作出了贡献。

钱乙强调五脏辨证，其制方调剂多围绕着五脏虚实寒热而设，如心实热用导赤散，心虚热用生犀散；肝实热用泻青丸，肝虚热用六味丸；脾虚用益黄散，脾湿热用泻黄散；肺虚用阿胶散，肺热用泻白散；肾虚用六味地黄丸等。

其制方原则重视选药柔和，反对过用攻伐之品。他的这种用药原则是针对小儿特点而设立的。此外，钱乙在处方调剂时多根据前人经验，并结合自己的体会，灵活加减，创立新方。如其创立的地黄丸，就是在肾气丸的基础上减去肉桂、附子而成。

此外，钱乙临床用药，还常常根据儿科的特点选用丸剂、散剂、膏剂等。这些成药，可以事先制备，适应于儿科疾病起病急、变化快的特点，便于及时服用，易为小儿所接受。

钱乙的"保养养生"法，后被证实是科学而有实效的养生方法。钱乙曾说过："欲得小儿安，常要三分饥与寒。"就是说，小儿脏腑娇嫩，消化吸收功能还不健全，保持七分饱，脏腑就不容易受损，孩子不愿意吃饭，不必追着喂饭，孩子饿了，自然有吃的意愿。小儿元阳充足天性好动，如果衣服过暖，容易出汗受凉，导致伤风感冒，因此，让小儿处于"七分暖"的环境中，不容易患咳嗽、哮喘等病。

以上方法也同样适用于成人，钱乙主张饮食、穿衣不可太过，即：不可食之过饱，穿得过暖。精美之物或喜食之品不宜食之过多，因为偏食使人体对各种营养成分摄入不足，使人瘦弱。同时，食之太过会造成病患或过胖。

钱乙最初是以使用小儿科的《颅囟方》而出名的。一个姓朱的人，有个儿子五岁，夜里发热，白天无事，有的医生当伤寒治，有的医生当热病治，用凉药解表，始终治不好。病儿的症状是：多涎而喜睡。别的医生用铁粉丸下涎，病情反而更重，至第五天，出现大渴引饮。钱乙说："不能用下法治。"他于是拿白术散末一两煎水三升，使病儿昼饮服。姓朱的问道："饮多了不会泻吗？"钱乙答道："不渗进生水在里面，是不会泻的。纵使泻也不足怪，只是不能用下法治。"姓朱的人又问："先治什么病？"钱乙说："止渴治痰、退热清里，都靠这味药。"到晚上，药估计服完，钱乙看看病儿，说："可再服三升。"又煎白术散水三升，病儿服完，稍觉好些。第三日，又服白术散水三升，那个病儿再不作渴，也没有流涎了。接着钱乙给其服两剂阿胶散（又名补肺散、补肺阿胶汤），由阿胶、牛蒡子、甘草、马兜铃、杏仁、糯米组成，病就完全好了。

1079 年，钱乙，这个"土郎中"的儿子，因为治好当时太子的病，才四十几岁的他，一下子进入了太医的行列，不能不令这些官僚味儿很足的太医们张口结舌。有些人固然佩服他，但更多的人是嫉妒。他们私下议论："钱乙治好太子的病，不过是巧合罢了！"有的说："钱乙只会用土方，真正的医经怕懂得的不多。"

一日，钱乙和弟子正在为患者治病，有位大夫带了一个钱乙开的儿科方子来"讨教"。他略带嘲讽地问："钱太医，按张仲景《金匮要略》八味丸，有地黄、山药、山茱萸、茯苓、泽泻、丹皮、附子、肉桂。你这方子好像少开了两味药，大概是忘了吧？"钱乙笑了笑说："没有忘。张仲景这个方子，是给大人用的。小孩子阳气足，我认为可以减去肉桂、附子这两味益火的药，制成六味地黄丸，免得孩子吃了过于暴热而流鼻血，你看对吗？"这位大夫听了，连声道："钱太医用药灵活，酌情变通，佩服佩服！"弟子赶紧把老师的话记下来，后来又编入《小儿药证直诀》一书。

就这样，钱乙所创制的"六味地黄丸"流传下来。即使在中成药种类繁多的今天，知道六味地黄丸的人可能最多了。曾经的小儿用药，现已成为滋阴补肾的常用药，临床上用于肾阴亏损、腰膝酸软、头目眩晕、耳鸣耳聋、盗汗遗精、骨蒸潮热。

六味地黄丸由熟地黄、山药、山茱萸、茯苓、泽泻、丹皮这六味中药组成，原是张仲景《金匮要略》所载的"崔氏八味丸"，即八味肾气丸（熟地黄、山茱萸、山药、泽泻、丹皮、茯苓、桂枝、附子）的加减化裁，钱乙把八味地黄丸里面的桂枝和附子这种温补的药物去掉了，变作六味地黄丸，用来当作幼科补剂治疗小儿先天不足，发育迟缓等病症。这对后世倡导养阴者起了一定的启发作用。如金元四大家之一李东垣的益阴肾气丸，朱丹溪的大补阴丸方，由黄柏、知母、熟地黄、龟板、独脊髓组成，都是由此方脱化而来。因此，有人认为钱乙是开辟滋阴派的先驱。

妙手仁心博爱四方

钱乙退休以后，就隐居在乡间的屋舍里。他闭门不出，不戴帽子也不穿鞋子，安详地坐卧在一张床榻上，接待登门求治的病人。钱乙家的门前，每天都挤满好多看病的人，有搀扶着来的老弱病人，也有抱着来的小孩子，路近的有同饮一井水的乡邻，而路远的还有来自百八十里以外的。不管是谁，钱乙都给他们仔细地看病、付药。病人愁眉不展而来，在感谢声中离去。在人们感谢钱乙医术、医德的时候，钱乙总是笑容满面的，可是人们不知道，在背后，钱乙也被病魔折磨着。在年轻的时候，他为了寻找父亲，多少次饿着肚子在大海中与海浪拼搏，这样落下了个风湿的病根，现在开始找上门来了，他的周身开始疼痛，四肢的运动也开始出现了障碍。

钱乙给自己诊断了以后，心中暗惊：这是可怕的周痹的病证啊（周痹，一种以全身持续疼痛为特点的风湿病，现代的一些风湿、硬皮病、红斑狼疮等疾病可以参照此病），如果这种病邪侵入到内脏，则是要致命的啊，怎么办呢？我还有那么多的事情要做啊！在考虑了很久之后，他终于决定，用药力把病邪逼到四肢去，这样可以保住性命，于是他自己配了药物，开始服用。在服用了一段时间以后，他发现自己的左胳膊和左腿开始慢慢不能动了，身上的其他部位却恢复了功能，这才放心：终于成功了，病邪被移到四肢了！

这是一种特殊的治疗方法，可以缓解致命的疾病，在古代的中医文献中有很多记载，现在很少有人会了。他让亲戚上山去采药，采的是茯苓。过程也有趣。先找菟丝子，茯苓是在松树根部的植物。菟丝是寄生的。钱乙让亲戚点着菟丝，在哪儿灭了，在哪就果然挖出来了茯苓，拿回家后，按一定方法吃了一个月，果然有效果了。虽然左手不方便，但由此虽偏废，而气骨坚悍，跟没病的人一样。用茯苓来善后调理，因为风湿是风寒湿热这些邪气，其中三种是无形的，只有湿是有形的，附着在上边不好治了，要把湿邪泻掉，无形的就无所附着。茯苓就是泻湿的，其他的就自己散了。

身体恢复了以后，他仍然继续他的没有一天闲暇的诊病生活。有一天，突然来了圣旨，宣他进京。原来，此时宋神宗驾崩，哲宗继位。宋哲宗情况特殊，是第六子。神宗病危时立为太子。宋哲宗继位时，才十岁，大臣们很担心他的身体。小儿病治疗不高，如果再出事，是宋朝的皇帝出事，怎么办？大臣们想只有钱乙出面来解决，召回才能保证安全。召来后，钱乙可不容易回家了。他以大局为重，这次留在太医院很长时间，等到皇帝长大了，才真正告老还乡。

这时的钱乙，医术已经炉火纯青了。有一张姓人家，三孩子都病了，同样的症状是出汗，部位不同，一个遍身，一个是上至顶下至胸，一个是前额有汗。医生一看，出汗都有花样，不知道怎么治。反正开方子，治出汗吧。但所有药方没一个有效。张先生看不好办了，来找钱乙，钱乙问诊后立刻说，大的给香瓜丸，次者吃益黄散，小者服石膏汤。

就因为出汗不同分别开了方子，说明病有虚有实有寒有热，不能用同一个方子。每一个是热邪侵袭了阴分，第二个孩子是脾胃虚弱，有积滞，虚实夹杂，调理脾胃。第三个小孩是气分有热，用石膏清热。治疗效果是各五日而愈。这说明他根据患者症状不同采取个体化治疗。这是医学的至高境界。

比如有一次钱乙偶然路过一个相识的老人家，听见有婴儿的啼哭声，钱乙表现出非常惊愕的样子，问："这是谁家的婴儿在哭啊？"老头很兴奋地介绍："这是我的孙子啊，我家里刚刚生了一对儿双胞胎，还是男孩子呢。"钱乙严肃地说："一定要好好地照顾啊，现在能不能活还不一定呢，要过了一百天才算平安啊（过百日乃可保）。"有这么说话的吗？人家大喜的事情，您来个还不一定活呢（通常境况下会挨一顿板砖）！看来这个老朋友还是挺客气的，只是面上不悦而已，说了句"送客"也就算了。结果是，果然没到一个月孩子就病了，因为找不到钱乙，最后很快都死了。这件事说明钱乙可以通过婴儿的声音来判断其健康情况。

一天，京运使只有八岁的孙子病了，咳嗽，气短，胸闷。一开始并没有请钱乙，请了其他的医生。这个医生诊了病后，很有把握地说："此乃肺经有热所致。需要用凉药治疗，方用竹叶汤、牛黄膏每天各服用两次，保证痊愈。"可是，治疗效果很糟糕，原来只是咳嗽，服下这个药后，又开始上喘了。这下子可急坏了京运使大人，他赶快请来了钱乙，钱乙诊完了脉问："服用的什么药啊？"医生回答："竹叶汤、牛黄膏"。钱乙问："服用这两个药是想治疗什么呢？"医生说："用来退热、退涎的。"钱乙接着问："这个病是什么热发作的呢？""是肺经热，所以才咳嗽，咳嗽久了才生痰涎。"钱乙又问："那么竹叶汤和牛黄膏是入什么经的呢？"医生一怔："是入心经的。""既然是肺热，你用入心经的药做什么呢？这个孩子不是肺热，而是肺虚，同时感受了寒邪，应该是先补肺，同时散寒，此时千万不可用凉药。"一番话，说得那位医生心服口服。最后，钱乙很快就把这个孩子的病给治好了。

又有一个哺乳期妇女因为惊吓而得病，病愈后眼睛睁着闭不上。钱乙说："用酒煮郁李仁给她喝，直到喝醉，就能治好。之所以这样，是因为眼睛和肝、胆两内脏相连，人受到恐吓后，内气在胆内郁结不通，胆气老是不能下行。郁李仁能通郁结，其药力随着酒进入胆中，郁结散了、胆气下行了，眼睛也就能闭上了"。病人喝了郁李仁酒后，果然就好了。

有个孕妇得了病，别医生说必须要做堕胎准备。钱乙看了后，却说："妊娠是五脏轮流滋养胎儿，大致要六十天才会更换到下一脏。等到应补该脏的月份，就按五行滋养胎儿的次序，去补充母体的某一脏，那又如何会流产呢？"过了不久，胎儿和孕妇都得以保全。

有一士子得了咳欬病，面色发青而显得光亮，呼吸哽塞不畅。钱乙说："肝克肺，这是反克的症候。如果在秋天得这个病，还可以治好；现在是春天，就不能治了"。那个人苦苦哀求，只好勉强给他开药。第二天，钱乙说："我的药一再泻肝，却丝毫没有减轻肝的气势；再三补肺，反而越补越虚；并且又增加了嘴唇发白的症状，按理最多能活三天。但现在病人还能喝粥，死期应当能超过三天。"病人果然在五天后去世。

某王的儿子得了上吐下泻泄的病，一个医生给他开了温燥的方剂，结果又增加了喘症。钱乙说："这本来是中焦有热，脾脏已经受到伤害，怎么还用温燥的药呢？这会造成大、小便不通的。"他便给病人开了（大凉性的）"石膏汤"。某王不相信应服这样的药，把他谢退了。两三天内病情逐渐加剧，最后还是按照他说的办法把病治好了。

广亲大宅里有家皇族的小儿得了病，他诊断后说道："这个病不用服药就能痊愈"。那个娃娃的弟弟在旁边，他就指着那小的说道："这娃儿早晚间要得令人惊恐的暴病，不过到了第三天的下午就可以安然无恙了"。那家人听后很是气愤，再也不搭理他。第二天，那个小娃娃果然发起羊角风（一种痉挛症）来了，情势十分危急，便召钱乙去治疗，三天后就痊愈了。问他是怎么回事，他说："我见那娃娃面如火色，两眼直视，这是心、肝两脏都受到病邪侵犯的表现。之所以下午才能好，是因为病邪当令的时辰在那时应该变更。"

老黄家的孩子病了，才两岁，这回的病可重，本来是拉肚子，医生们给用了止泻药，结果十余天后，孩子的病突然加重，泻下的大便是青白色的，喝的奶都不消化，身上也凉了，每天开始昏睡，医生们都说这个孩子要危险了，已经病危了。老黄此时欲哭无泪，看着孩子平时玩的玩具，心如刀割，面对自己老婆的时候不敢哭，在没有人的时候曾放声大哭一次，晚上一闭眼，就是孩子平时的可爱的笑容，他的精神都要崩溃了。孩子还有救吗？问了几个医生，大家都纷纷摇头，不敢接手。一家人的心都凉到了谷底。在走了很远的路以后，他们抱着孩子来到了钱乙的家。钱乙让家人安顿他们住下，然后看孩子的病。仔细诊断后，钱乙慢慢叹了口气，说："再晚确实就来不及了。"

大家都摒住了呼吸，听他接着说："这个病治疗要复杂些，他们用的止泻药把病邪留在了胃肠之中，本应该给排出去，可孩子的身体弱，就要先补一下。"于是开了益脾散、补肺散，一天服用三次，服了三天。三天后，孩子的身体温暖了。此时又开了白饼子，让孩子大泻一次，将肠胃里的毒邪排除，然后马上用益脾散每天服用两次补养脾胃（这是其治病诀窍，肠中毒邪不去，如果进补则是关门留寇，疾病永无愈期，一定要排出毒邪后才进补）。在经过了这三个阶段的治疗后，小孩子的病很快就好了，脸上又出现了可爱的表情。老黄一家感激涕零，跪在钱乙的榻前，说："让我们为您做些杂事吧，希望能够照顾您的生活！"钱乙挥挥手，慢慢地说："我已经是老朽一个了，哪里还用人照顾，你们去好好过你们的日子吧，日子还长着呢，回去照顾好孩子吧！"望着一家人远去的背影，钱乙慢慢地叹了口气，心里想：不知道还能照顾这些孩子多久了。

在这样的日子里，钱乙慢慢地老去，时光像是河流中的水，在无声无息中流走。他已经记不起回到家乡后这么多年，到底治疗过多少个患儿了，只知道自己每天都是在面对一个接一个的患者中渡过的。人总是要老的，总是要和这个世界告别的，慢慢地，钱乙走到了他生命的最后的日子。这天，他起床后，坐了一会儿，给自己诊了一下脉，然后告诉家里人，今天不出诊了。他让家人把自己的朋友请来，早饭后，大家坐着聊天聊了一会儿。在大家告辞时，钱乙特别起身相送。然后，他告诉家人："给我

换一身干净的衣服吧。"家人很奇怪，这个老人，大白天的换什
么衣服。衣服换好后，老人让大家都忙自己的事去吧，然后自己
就默默地端坐在榻上，望着院子里的孩子们。院子里，六七个孩
子正在玩着游戏，小男孩剃着小光头，欢天喜地跑着，他们拿着
个小布口袋，正互相丢着。阳光下小孩子的脑袋发着闪亮的光，
他们笑声阵阵传来。钱乙眯着眼睛看着，渐渐地，他仿佛觉得自
己也变得年轻，融入孩子们欢快的游戏中去了。然后，慢慢地，
他的眼睛闭上了。钱乙，享年八十二岁。

　　在钱乙去世后的某一个秋天。钱乙的坟前来了一位年轻人。
他就是曾经得到过钱乙指导的年轻儿科医生董及之。他在钱乙的
坟前点上香，烧了些纸，然后跪倒，磕了三个头。树叶从旁边的
树上纷纷落下，散满了一地。他默默地站立了一会儿。然后，他
拿起出诊用的雨伞和药箱。转过身，继续出诊去了。

第六章
李诫——中国古建筑界所供奉的祖师

李诫是著名的土木建筑专家、建筑理论专家。他曾担任北宋的将作监，主要负责宫室、城郭、桥梁、舟车营缮事宜。

《营造法式》：具有高度的科学价值，在中国古代建筑史上起着承前启后的作用，为历朝历代古建筑建设标准的重要参考。

完成中国古代建筑史上的瑰宝《营造法式》

1035 年，李诫出生在一个官宦家庭。父亲李南公，在北宋王朝为官六十年，清正廉明，其兄曾任至龙图阁直学士。

李诫从小头脑就聪明，天赋异禀，在这样的家庭长大，受家庭的熏陶，又养成了他好学的品格。他从小喜欢读书，并得到父母喜爱，父母搜集各种书籍，以供他阅读。勤奋的学习和渊博的知识，造就了李诫这样一个多才多艺的人。他精于书法，篆、籀、草、隶，皆入上品，据说他家藏的几万卷书中，有好几千卷是他亲手抄录的。他曾经用小篆体书写《重修朱雀门记》一文，被朝廷下旨雕刻于朱雀门下。他在绘画上也颇有造诣，深得古代名家的笔法。他所画的《五马图》，竟然连长于绘画的宋徽宗也称赞不已。书法与绘画创作赋予他理解独特的艺术心得：既注重美感，又突出真实感。然而，李诚的志向却是在建筑设计方面，后来他就把这种艺术心得充分地发挥在建筑工程上，从而使他的成就突出地表现在建筑学方面。

宋神宗元丰八年（1085年），李诚的父亲李南公时任河北路转运副使。受父亲派遣，李诚入京进献表章、物产，于是被恩补为郊社斋郎，并担任曹州济阴县（今山东曹县西北）县尉。这份差使虽不是他的专长，也取得了一定的政绩。

八年后，即宋哲宗元祐七年（1092年），李诚调到开封将作监担任主簿一职，专门管理宫殿、城郭、桥梁、邸第、房舍、道路等土木工程的建设，英雄终于有了用武之地。任职于将作监的13年中，他主持营建了不少宫廷建筑，如五王邸、朱雀门、景龙门、九成殿、太庙、钦慈太后佛寺等，都是精巧华丽的建筑，也监造了一些官府公用的房屋，如辟雍、尚书省、开封府廨、班直诸军营房，规模都很大。这些工程的修建使得李诚脱颖而出，官职也不断提升：宋哲宗绍圣三年（1096年）升将作监丞，宋徽宗崇宁元年（1102年）升将作少监。次年外放，数月后又内调为将作少监。辟雍造成后，又升任将作监。同时，他也赢得了宋徽宗的信任。如崇宁四年（1105年），库部员外郎姚舜仁建议在开封南偏东的方位修建明堂，并绘制了图样，宋徽宗特命李诚参加明堂图样的审查工作。后来二人合作，进一步完备了明堂图。

李南公去世后，李诚返回故里丁忧。当时，皇帝亲自赏赐钱财百万办理丧事，以示优待。李诚以御赐而不敢推辞，但是请求施舍给寺院进行佛像的建造。由此可见李诚乐善好施性情之一斑。服丧之后，赴虢州（今灵宝）担任知州一职。

北宋王安石变法以前，朝廷一直奉行"不抑兼并"的土地政策，大批农民乃至一些中小地主都丧失了土地，许多中小工商业者也面临破产。这不仅加剧了国内阶级矛盾，而且使得国家赋税来源日益萎缩。另外，辽和西夏不断骚扰北宋政权，国家战事连绵，军费开支浩大，再加上其他一些原因，致使北宋政府财政拮据，出现了巨额的亏空。为了挽救政治、经济危机，宋神宗于熙宁二年（1069 年）初起用王安石为参知政事，实行变法革新。

王安石新法的主要内容在于"理财节用"和"整军强兵"，其目的是想在不增加人民负担的前提下，通过适当限制大官僚、大地主、大商人的一些利益，以缓和社会危机。当时，由于政治腐败，统治者大兴土木，建造了不少宫殿、苑囿、府第、官署和寺观等，耗资巨大。另外，各项工程的建造规模、建筑材料和工时定额等都缺乏统一的标准，既造成了损失浪费，也使得一些官吏趁机贪污舞弊，中饱私囊。在人力、财力、物力都很困难，而统治阶级的要求日趋铺张豪华的情况下，为防止贪污浪费，同时保证设计、材料和施工的质量，以更好地满足统治阶级的需要，熙宁年间（1068—1077 年），朝廷下令由将作监编修《营造法式》一书。

经过大约二十年的时间，即宋哲宗元祐六年（1091 年）的时候，《营造法式》首次编成，称为《元祐法式》。不过宋哲宗非常不满意，并于绍圣四年（1097 年）敕令当时担任将作监丞的李诫予以重新编修。

李诫并非出身科举，而是由父荫补官进入仕途的，他的官职主要靠工作实绩而步步上升。在将作监，由主簿而丞（中层官员）、而少监（副首长）、而监（首长），多因完成重大工程而得以升迁。他是一个实干家，也是建筑工程管理的内行。当他接到敕命编修营造法式时，已在将作监工作了六年，主持过像五王府等一系列重大工程，积累了相当丰富的经验。所以他在《新进营造法式序》中敢于批评过去那些主持工程的官员往往是外行，笑那些不懂技术的官员，连用"材"来确定房屋尺度这个基本法则都不知道，却用斗来作为长度标准。难怪建筑业的积弊不能消除，也无法进行有效的检察。

李诫在仔细研究了《元祐法式》以后，他认为：元祐本的《营造法式》只录有建筑材料的各种形状，却不包括原料的设计加工制度，而且其间工料太宽，缺乏一定的建筑设计、施工等方面的技术规范要求，所以临时无法考据，可谓是一纸空文，难以行用。为了更好地完成这一使命，李诫一方面广泛参阅前人的《考工记》《唐六典》《木经》等有关建筑方面的史书和专著，认真吸收其精华；另一方面非常重视当时工匠的实际经验。在编写过程中，他特地访问了数百名从事建筑的工匠，以匠为师，同他们一起讲究规矩，分析比较各种建筑营造方法的优缺点，努力找出构件尺寸之间的相互比例关系，以期制定出科学的规范制度。

可以说，李诫所编修的《营造法式》是我国古代劳动人民宝贵建筑经验的结晶。再加上他自己的亲身体会和辛勤工作，到了元符三年（1100年），这部建筑学著作终于大功告成。

自绍圣四年（1097年）开始，到元符三年（1100年）完成书稿，《营造法式》编修历时四年。崇宁二年（1103年），宋徽宗将此书颁行天下，从此国内建筑工程有了统一的标准。

　　三年之后，李诫又提出要在京师以外地区推广，用小字刻版刊印，作为朝廷敕命通行的文本发至各地遵照执行。这个请求得到宋徽宗的批准，于崇宁二年（1103 年）刊印了这部《法式》。直到宋室南迁，政治中心易地，平江知府王唤还在苏州重印此书，以应工程之需，这也从实践方面证明了此书的广泛适用性。

建筑技术律令——《营造法式》

　　宋徽宗崇宁二年（1103 年），由李诫编修的《营造法式》付梓刊行，颁发天下，成为当时通行全国的建筑工程法式。李诫一生曾有多方面的著作，但均已散佚失传，只有他奉旨编修的《营造法式》一书得以留存。《营造法式》是中国古代最完善的土木建筑工程著作之一。

　　《营造法式》是宋朝政府发布的技术法规，其内容是建筑工程中必须执行的技术性条款，也就是技术标准和规范。"法式"二字的解释为："在宋代官方文件中用得相当普遍，有律令、条例、定式等含义同，凡事有明文规定或成法的都可称之为法式。"《营造法式》的编写方式很像我们现代的标准。第一部分首先规范术语；第二部分是十三个不同工种的任务和技术规范；第三部分是不同工种的劳动定额和施工质量；第四部分是各类型建筑图样。

　　该书共三十四卷，另有《目录》一卷、《看详》一卷。正文总计三百五十七篇三千五百五十五条，其中的三百零八篇三千二百七十二条是总结工匠的实际经验而成，约占全书的百分之九十以上。《营造法式》全书三十六卷，三百五十七篇，三千五百五十五条。其分五大部分，即名例、制度、功限、料例、图样。名例部分对建筑名词术语作了解释，对部分数据作了统一的规定，纠正了过去一物多名、方言土语等谬误。他还总结了施工的实践经验，制定了各项工程制度、施工标准、操作要领等，对各种建筑材料的选材、规格、尺寸、加工、安装方法都一一加以详尽的记述，堪称为古代建筑的一部百科全书。书中所讲的水平直尺的原理和构造，已接近现在的水准仪，说明当时的测量技术达到了很高的水平；油漆涂料部分的记述，对今天发展涂料工业仍有参考价值；琉璃构建的釉料配方及烧制方法，至今我们仍在沿用。

其中第一、二两卷是对土木建筑名词术语的考证及定额的计算方法；第三至第十五卷是壕寨、石作、大木作、小木作、雕作、旋作、锯作、竹作、瓦作、泥作、彩画作、砖作、窑作等十三个工种的制度，说明每一工种的选材、加工方法及各构件的相互关系和位置；第十六至第二十五卷规定了各工种的劳动定额；第二十六至第二十八卷规定了各工种的用料定额；第二十九至第三十四卷是图样。纵观全书，纲目清晰，条理井然。《营造法式》的编修来源于古代匠师的实践，是历代工匠相传，经久通行的做法，所以该书反映了当时中国土木建筑工程技术所达到的水平。它的编修上承隋唐，下启明清，对研究中国古代土木建筑工程和科学技术的发展具有重要意义。《营造法式》按内容可以分做名例（一卷、二卷）、制度（三卷到一五卷）、功限（一六卷到二五卷）、料例（二六卷到二八卷）、图样（二九卷到三四卷）五个部分。其中，《营造法式》用很大的篇幅（十三卷）列举了各种工程的制度，包括壕寨、石作、大木作、小木作、雕作、旋作、锯作、竹作、瓦作、泥作、彩画作、砖作、窑作共十三种一百七十六项工程的尺度标准以及基本操作要领，类似现代的建筑工程标准作法。这一部分突出地反映了中国古代建筑工人的卓越才能和中国古代建筑的高度技艺水平。

规定建筑等级，按质量高低进行分类，有利于区别对待，控制工料，节制开支，特别在建筑量较大的情况下，更需要这种分类。《法式》中虽未明确列出建筑分类，但从各卷所述内容可以看出实际上官式建筑有三类：第一类：殿阁。包括殿宇、楼阁、殿阁挟屋、殿门、城门楼台、亭榭等。这类建筑是宫廷、官府、庙宇中最隆重的房屋，要求气魄宏伟，富丽堂皇。第二类：厅堂。包括堂、厅、门楼等，等级低于殿阁，但仍是重要建筑物。第三类：余屋。即上述二类之外的次要房屋，包括殿阁和官府的廊屋、常行散屋、营房等。其中廊屋为与主屋相配，质量标准随主屋而可有高低。其余几种，规格较低，做法相应从简。

这三类房屋在用料大小、构造上、建筑式样上都有差别：用料方面，殿阁最大，厅堂次之，余屋最小。《法式》规定房屋尺度以"材"为标准，"材"有八等，根据房屋大小、等第高低而采用适当的"材"，其中殿阁类由一等至八等，均可选用，厅堂类就不能用一、二等材，余屋虽未规定，无疑级别更低对于同一构件，三类房屋的材用料也有不同的规定。

在构造上，殿阁的木架做法和厅堂不同，殿内常用平棋和藻井把房屋的结构和内部空间分为上下两部分：平棋以下要求宏丽壮观，柱列整齐，柱高一律，内柱及内额上置内槽斗拱以乘天花，殿内专修华美；平棋以上因被遮蔽，无需讲究美观，但求坚牢即可，所以采用"草架"做法，抟、袱不必细致加工，枋木矮柱可以随意支撑，以求梁架稳固。

厅堂，一般不用平棋藻井，内柱皆随屋顶举势升高，主外侧短梁（乳袱、三椽袱等）插入内柱柱身，使木架的整体性得到加强，斗拱较简单，通常只用斗口跳、四铺作，但也用至五铺作、六铺作者。为了美化室内露明梁架，梁、柱、抟、枋等交接处用拱、斗、驼峰等作装饰。关，余屋，书中并无专论，仅从零星叙述中推测有两种情况：殿阁的廊屋，为了配合主殿，规格较高，可置鸱尾，用斗拱；一般余屋如官府廊屋，常行散屋、仓库营房等，则用柱梁作、单斗只替和把头绞项作等做法。在建筑式样方面，殿阁多用四阿殿与九脊殿屋顶面阔达十一间，如有副阶则成重檐，斗拱出跳多至八铺作。

屋面用瓦尺寸大，可用琉璃瓦与青绲瓦，正脊垒瓦可达37层。屋面或用筒瓦、或用板瓦作盖（如板瓦作盖则檐口用重唇板瓦和垂尖花头板瓦），正脊用兽而不用鸱尾。

从《法式》的内容来考察，除了前述拼柱法以外，还可以在书中找到一些做法在江南很流行而在北方则很少见到，例如竹材的广泛使用，"串"在木架中的重要作用，上昂的应用等。

《法式》竹作制度叙述了种种竹材用法：竹笆可代替望板；窗子上下的隔墙、山墙尖、拱眼壁等可用竹笆墙（称为"心柱编竹造"，"隔截编道"，这种墙在江西、安徽的明代建筑上仍被使用）；殿阁厅堂的土坯墙每隔三皮土坯铺一层竹筋，称为"攀竹"用以加强墙体；竹子辟蔑编网，罩在殿阁檐下防鸟雀栖息于斗拱间，称为"护殿檐雀眼网"，这是后来用金属丝网罩斗拱的先例；用染色竹篾编成红、黄图案和龙凤花样的竹席铺在殿堂地面上，称为"地面棋文罩"；也可用素色竹篾编成花式竹席作遮阳板，称为"障日"；在壁画的柴泥底子里，还要压上一层篾作加固层；施工时的脚手架（称为"鹰架"）和各种临时性凉棚，也多用竹子搭成。这些情况表明竹材在汴京用得相当广泛，即使在宫廷中，也不比江南逊色。竹子盛产于中国南方，很早就用作生活器具和建筑材料，北宋咸平二年王禹在湖北所建黄岗竹楼即是著名的例子。汴京宫廷建筑大量使用竹材，使之带有浓厚的南方建筑色彩。

"串"这一构件在《法式》厅堂等屋的大木作里用得很多，主要起联系柱子和梁架的作用，这和江南常见的"串斗式"木架中的"串枋"和"斗枋"的作用是相同的。例如，贯穿前后两内柱的称"顺栿串"（与梁的方向一致）；贯穿左右两内柱的称"顺身串"（与檩条方向一致）；联系脊下蜀柱的称"顺脊串"；相当于由额位置承受副阶橡子的称"承橡串"；窗子上下横贯两柱间的称"上串"、"腰串"、"下串"。这些串和阑额、由额、襻间、地栿等组成一个抵抗水平推力（风力、地震力等）的支撑体系，使木构架具有良好的抗风、抗震能力，若以此和串斗式木构架比较，不难看出其间的相似之处。大量的出土明器证明东汉时广东一带已盛行串斗式建筑，四川出土的东汉画像砖所示建筑图案中也有腰串加心柱做法，和《法式》很接近。至今江西、湖南、四川等的农村，仍采用串斗构架建造房屋，二千年间一脉相承，说明了它的存在价值。

　　我国古代的技术书籍，多重文字，很少图样。而《营造法式》不仅内容十分丰富，而且附有非常珍贵的建筑图样，开创了图文并茂的一代新风。附图共占六卷，凡是各种木制构件、屋架、雕刻、彩画、装修等都有详细图样。这些图样细腻逼真，丰富多彩。其中既有工程图，也有彩画画稿，既有分件图，也有总体图，充分反映了我国古代工程制图学和美术工艺的高度水平。这些图样不仅能够帮助我们更清楚地理解文字表达的内容，而且可以使我们从中看出当时建筑艺术风格。

　　"斗栱结构"是《营造法式》提出的又一项重要的标准化成果。我国古代建筑史上的先人采用的斗栱结构中把标准化的基本原理"通用性、互换性、模块化、系列化"以及零部件标准化等都做到了极其完美的程度。古代建筑框架式木结构形成了过去宫殿、寺庙及其他高级建筑才有的一种独特构件，即屋檐下的一束束"斗栱"。它是由"斗"形木块和"弓"形的横木组成，纵横交错，逐层向外挑出，形成上大下小的托座。这种构件用以减少立柱和横梁交接处的剪力，以减少梁的折断的可能性，既有支承荷载梁架的作用，又有装饰作用。

　　斗栱结构起源于汉代崖墓、石室、石阙和明器。到了宋代已经发展到非常成熟。但是历史上最开始有文字详细记载形成了标准并绘制成"工程图样"的斗栱结构应属于李诚的《营造法式》。他把斗栱称为"辅作"。斗栱结构是力学原理和建筑结构完美结合的典范，同时还肩负着体现封建礼制的重要功能，是中国古建筑最重要的元素符号，也是中国建筑史上重要的标准化成果之一，为各国学者所赞叹。

　　作为斗拱上重要构件的这两大昂类，只有在江南才能全部看到，而在北方这么多唐、宋、辽、金以至元代建筑中，却只见下昂而未见上昂（河南登封少林寺初祖庵补间铺作在下昂后尾下有一斜料，形如上昂，但作为附加的装饰物，不具上昂的作用，故不能视为真正的上昂）。宋代上昂遗物，苏州一地即有两处：其一，玄妙观三清殿内槽斗拱两侧；其二，北寺塔第三层塔心门道顶上小斗八藻井斗拱。这两处上昂时期略晚于《法式》，都是南宋前期之物。上昂遗规还可见于江南明代建筑。

　　有趣的是：北方唐、宋、辽、金建筑上虽然不用昂，但到明代，北京宫殿、曲阜孔庙等处官式建筑的外檐斗拱后尾，却仿上昂形式，斜刻两条平行线，并仿昂头式样刻作六分头，仿契式样刻作菊花头。这种上昂遗意，直到清乾隆以后才完全消失，而六分头、菊花头则始终保留着，一直延续到清末。这仿上昂之风来自何处？是否有两种可能：一是中原一带《法式》上昂作法的传统，到元代为了省事，简化为斜画两条平行线，在晋南芮城永乐宫纯阳殿与重阳殿上即有这种例子，以后这种做法又传到北京；二是明成祖永乐十八年，迁都北京，江南的工匠把上昂的做法带到了北方，发展成上述仿上昂的式样。此外，《法式》上昂制度中所述"连珠斗"在北方未见实例，苏州虎丘云岩寺塔第三层内槽斗拱上用了这种斗，是早于《法式》百余年的遗物。

　　《营造法式》在我国古代建筑史上起了承前启后、继往开来的作用，虽然基本上是一部经验性的总结，但它具有很高的科学性和实用性。在一些重大的建筑科学问题上，它远远地走在当时世界的前列。书中对于各种木构建筑部件的大小尺寸，都给出了具体而明确的数据。这些数据，有许多与现代的建筑学、材料力学的原理相符，而在时间上则要早得多。例如，一根圆柱形的木头，如何从中截取矩形的梁，使其既坚固又不会浪费材料呢？李诫把技术要求和艺术要求加以综合考虑，规定了梁的横断面高度与宽度的比为3：2。对于这个问题，比李诫晚三四百年的文艺复兴时期的大师达·芬奇，比李诫晚四五百年的近代力学的奠基者伽利略，都曾加以研究，但均未达到李诫的水平。

《营造法式》对后世建筑的影响

《营造法式》于元符三年（1100 年）完成，徽宗崇宁二年（1103 年）颁行。崇宁二年（1103 年）刊行，南宋绍兴十五年（1145 年）重刊。全书共三十四卷，分释名、制度、功限、料例和图样等五部分。成为当时官方建筑的规范。除《营造法式》外，还著有续山海经十卷、续同姓名录二卷、琵琶录三卷、马经三卷、六博经三卷、古篆说文十卷。

从唐至宋，中国本土建筑发生了相当的演变和发展，作为处于这一变革时期的建筑技术书《营造法式》，记录了这一时期建筑技术的阶段形态，以及无论在样式上，还是在技术上，这一时期建筑最显著的变化。

《营造法式》的现代意义在于它揭示了北宋统治者的宫殿、寺庙、官署、府第等木构建筑所使用的方法，使我们能在实物遗存较少的情况下，对当时的建筑有非常详细的了解，添补了中国古代建筑发展过程中的重要环节。通过书中的记述，我们还知道现存建筑所不曾保留的、今已不使用的一些建筑设备和装饰，如檐下铺竹网防鸟雀，室内地面铺编织的花纹竹席，椽头用雕刻纹样的圆盘，梁栿用雕刻花纹的木板包裹等。

李诫的这部《营造法式》以本身独一无二的价值，产生了广泛的影响。不仅在宋朝，即使是后世，不仅在国内，即使是国外，这部著作对于建筑工程技术的发展都起到了重要的作用。元代水利工程技术中关于筑城部分的规定几乎和《营造法式》的规定完全相同。明代的《营造法式》和清代的《工部工程做法则》也吸收了其中的很多内容，这是就抽象理论而说，实际应用方面也是如此。南宋以来，不少设计精巧、造型别致、风格古朴的古建筑或者根据《营造法式》规程营建，或者在它的基础上演化，无不受其影响。

据说，坐落于河南登封少室山上的少林寺古刹中的初祖庵大殿，就是按照李诫的建筑风格设计建造的。这部《营造法式》，不仅是中国古代科学技术发展史中的一部珍贵文献，也是世界建筑史中一部具有重要地位的巨著。它流传到西欧、日本后，曾引起当地建筑界的轰动，成为他们研究、学习中国古代传统建筑工程技术的珍稀资料。

开封"宋都一条街"就是按照《东京梦华录》和《清明上河图》等古书古画提供的样式，又根据宋代《营造法式》而精心设计的。街宽四十米，全长四百米，占地面积七万多平方米。街道两旁是一片新建的一二层或三四层的各式仿宋的古殿楼阁。这些店铺也大都起了宋代名字，不少售货员身着仿宋古装。街北头路西矗立着樊楼大酒店，这是一组楼群，由东、西、南、北、中五座古楼组成，形似一朵梅花。

樊楼是北宋时期汴梁的第一家大酒楼。当年的汴京有七十二家酒店，樊楼是首屈一指的。如今樊楼的东楼面临大街，销售具有地方特色的传统商品，中心楼陈列樊楼的变迁史，三楼布置为李师师的书斋、琴房和卧室，西楼专作酒楼，可容五百名客人同时畅饮，南楼设置仿宋宫廷住房，这里木雕桌椅，富丽华贵，北楼出售钻翠宝石、文房四宝等工艺品。樊楼的对面就是龙亭湖，湖面上建有小亭、小桥，热闹非凡，是中外游人逍遥游览之地。

《营造法式》是一部既有科学意义又有实用价值的建筑学专著。这一杰作作为北宋朝廷正式颁行的建筑规范，其统一的建筑规格，设计施工制度，工料定额等等，不仅在当时作为官式建筑的标准，而且对后世元、明、清三代也产生了重要影响，直到近代仍是我们研究中国古代建筑不可或缺的珍贵文献。

我国著名建筑学家梁思成，当年在宾夕法尼亚大学读书时，曾有一天收到父亲梁启超寄去的一本书，他打开一看，是《营造法式》重印本。梁启超在寄给儿子前，曾仔细阅读过此书，他在信中评论道："一千年前有此杰作，可为吾族文化之光宠也"。

梁思成非常珍视父亲寄给他的这本书，在一阵惊喜之后，随之而产生莫大的失望和烦恼。这部巨著，竟如天书一般，无法读懂。然而他已看到，父亲为他打开了一扇研究中国建筑史的重要的大门。梁思成与后来同是建筑大师的林徽因于 1928 年 3 月 21 日结婚，选择 3 月 21 日，是为了纪念伟大的宋代建筑师李诫，这是宋代为李诫立的碑刻上的唯一日期。

从美国学成归来的梁思成，创建了东北大学建筑系，并与同为宾夕法尼亚大学毕业的三位同学成立了建筑师事务所。然而日本的侵略打断了他作为建筑师和教师的大好前程，不得不离开沈阳到北京任职于一个鲜为人知的机构，这就是中国建筑研究会，正式名称叫中国营造学社，其创始人是朱启钤。正是他在江苏省立图书馆找到一部珍贵的宋代手稿《营造法式》，便将它重印。发现这本书，促使朱启钤创建中国营造学社。梁思成到营造学社中担任研究部主任，林徽因担任校理，以此为发端，开启了他们的学术生涯，并成就非凡造诣。

1932年，梁思成和林徽因的儿子出生。他们给孩子起名"从诫"，希望他能成为李诫这样的建筑学家，正如四年前选择婚期时所表现出的对李诫的仰慕。

被《宋史》埋没的博才科学家

李诫既是一个建筑大师，又是一位艺术家和学者。他编修的《营造法式》是一部建筑科学技术的百科全书，对后世的建筑技术和建筑学具有深远的影响。李诫不仅在建筑方面颇有建树，而且在管理方面有着史无前例的贡献，其编订的《营造法式》一书既是建筑史上的一部经典之作，引领明清建筑标准近千年，也是管理方面的经典，其中有关专业分工、劳动及物料定额的成本核算思想是人类采用定额进行管理的最早的明文规定和文字记录之一。

李诫为人博学多闻，有多方面的才华，他一生大部分的精力用在了治学著书方面。他生平的著作很多，《营造法式》是他最大的贡献。此外，他还著有《续山海经》十卷、《续同姓名录》二卷、《琵琶录》三卷、《马经》三卷、《六博经》三卷（六博，又作陆博，是中国古代一种掷采行棋的博戏类游戏，因使用六根博箸所以称为六博，以吃子为胜。其中的古玩法大博，由于是与象棋一样要杀掉特定棋子为获胜，是很早期的兵种棋戏，被推论象棋类游戏可能从大博演变而来）、《古篆说文》十卷等。遗憾的是这些著作现今都已经失传，唯一流传到后世的仅有《营造法式》而已。艺术方面，李诫擅长书画，尤其擅长画马。他的书画深受书画行家宋徽宗的好评。仅仅从这些著述的名称看，就涉及到了地理学、史学、古文字学、音乐、相马、博彩等。

因其父兄的不佳名声，李诫成为被埋没的科学家，《宋史》没有为他立传，评价他父亲为人是"反复诡随，无特操，识者非之"；评价他兄长为"人以为刻薄"。

在今天的开封，总能闻到一股大宋皇朝的味道。特别是在御街，从前这里是宋朝京城南北中轴线的通关大道，从皇宫正门宣德门，向南经过朱雀门，直至外城。御街、朱雀门是皇帝举行庆典与出游的大街和主门。御街宽二百余米，中间为御道，由皇家专用，两边是蓄满荷花的流水，水边广植树木。再外是御廊，店铺林立其间，可以想象出当时大宋的繁荣景象。

时至今日，这里已经不是原来的朱雀门了，皇城的正南门，以四象中朱雀代表南方而得名。更看不到五侯府、辟雍宫、龙德宫、棣华室、九成殿那些富丽堂皇的建筑，即使有着开封府衙，也小得不似先前的格局。要看，只能是张择端的《清明上河图》了。可是，张择端依据的是实景，那实景却是由人建造出来的。

朱雀门就是李诚所建，那些著名的建筑，也都是出自李诚之手。李诚是以实物彰显了大宋的辉煌。

文物界建筑界发起整修李诚墓园

李诚墓位于新郑市龙湖镇于寨村西约二百多米，他的墓前没有碑刻题词，也没有郁郁葱葱的参天古木，上世纪六十年代，这里几乎被铲平。自1995年以来，当代著名古建筑专家、国家文物局专家组组长罗哲文等多名专家和河南省文物主管部门负责同志经多方协商，联合倡议在河南省新郑市李诚故里修建李诚墓园，经考察制定了墓园整修实施计划。新郑市文物管理局先后4次组织人员对墓址进行勘探，探明墓的确切位置，确定了保护范围。新郑市政府把墓园规划纳入城镇发展规划之中，为墓园提供建设用地一百亩。河南省古代建筑保护研究所承担墓园设计与修建施工，计划在墓园内整修墓地、修建墓碑和纪念亭等。

2001年，李诚墓公布为新郑市级文物保护单位；2006年5月26日，李诚墓被公布为全国重点文物保护单位。

第七章
唐慎微——中华中医领域的药学始祖

唐慎微（1056—1136 年）是我国宋代著名药学家。他编撰的《经史证类备急本草》受到后世历代医学家的重视，就连李时珍的《本草纲目》在编撰过程中也以此书为基础和蓝本。李时珍对唐慎微评价极高："使诸家本草及各药单方，垂之千古不致沦没者，皆其功也。"唐慎微对发展药物学和收集民间单验方做出了巨大贡献，开创了药物学方剂对照的先河，是当之无愧的中医领域药学始祖。

寡言的传奇民医

　　唐慎微出身世医之家，祖上都是行医之人，他在这样的环境里长大，耳濡目染，自小就对医学有着深厚的兴趣。虽然他其貌不扬，举止木讷敦厚，为人不善言辞，但内心却极为聪慧，心地善良纯厚。在家人的教诲下，他刻苦学习医学，由于他的聪颖勤奋，逐渐学会了医学的精髓，掌握了高超的医术，尤其是对经方深有研究。

　　青年时期的唐慎微，在学习之余，经常出去给病人看病，这使得他的医术造诣更得以飞速进展，由于他的医术高超，不久他就成为当地的名医。唐慎微对待病人一视同仁，凡是上门来求医问药者，无论是达官显贵还是平民百姓，在他眼里都是他的病人，从无高低贵贱之分。精湛的医术，加上高尚的医德，使他的

声名远播各地。尽管如此，他仍然好学不倦。宋哲宗元祐年间
（1086—1093 年），他应曾经师承儒学大家程颐、程颢的蜀帅李端
伯邀请，前往成都行医，暂时居住在成都府东南郊的华阳，后来
迁居到了成都。

在成都行医期间，无论是在寒冷的冬季，酷热的夏天，刮风
下雨，还是白天黑夜，他都是有招必往。他对待病人，认真辨
症，仔细地望闻问切，经过他的精心治疗，病人都康复得很快，
因此广受赞誉，人们都称赞唐慎微治病"百无一失"。他和其他
医生不同的是，从不向病人索取诊金财物报酬，只求病人及其亲
朋好友以其抄写的效方良药知识为酬。因此人们都愿意与他接
近，把所知好方良药告诉他。即使从经史诸书中发现的医药知
识，也必写、抄录下来告诉给他。

当时，成都华阳地方有位叫做宇文邦彦的名士患了严重的风
毒病，请遍了成都的名医，名医们都束手无策，找不出方法来治
愈他的病。这时，就有人推荐了唐慎微。经过唐慎微一诊察，没
想到竟然手到病除。仅仅服药数剂就缓解了病情。在唐慎微的精
心治疗下，宇文邦彦的病很快痊愈。可是，唐慎微断定这种病轻
易是不断根的，如果身体稍弱这种病就会复发的，于是他就亲笔
写了一封信，封好交给了宇文邦彦的儿子，并在信封上注明要等
到某年某月某日才可以开封。到了这个日子，宇文邦彦的风毒之
病果然再次发作。按唐慎微的嘱咐，宇文邦彦的儿子打开了封存
已久的信件，只见上面写着三个方子：第一个方治疗风毒再作，
第二个方治疗风毒攻注作疮疡，第三个方治风毒上攻、气促欲作
咳嗽。结果按方治疗，半个月病就痊愈了。这件事传遍了成都，

当时人们都叫他神医。

一生行医了志愿

在宋代以前，中国的医药书籍几乎全部都是靠手抄笔录或者口传心授保存下来的。在这样的条件下，一本新的著作问世以后，经过若干年，要么流失殆尽，要么经过反复传抄却容易以讹传讹，错误百出。这种状况自然大大影响了医药发展的速度。

直到北宋时期，印刷术盛行，许多医药书籍才得以刻版流传。北宋初开宝年间，因为对医药的大量需要，朝廷组织人员编写了《开宝本草》；嘉祐年间，又由朝廷组织儒臣医官分别编写了《嘉祐本草》和《本草图经》两本药书。由于这两次对本草学的整理，才使得许多重要的本草学著作得以保存下来。但是，上述两次官修本草时，对古代的医药书籍只是进行了有选择的采录编辑，其中还是有很多药学资料被遗弃了，这在医学史上不能不说是一件憾事。如果不及时加以收集，那么这许多手抄的古代药学资料就面临着湮没的厄运。唐慎微看在眼里，忧在心头，尽可能让前人所有的药学知识流传千古，就成了唐慎微的最大心愿。

但是，中国古代手抄药学资料像银河那样浩瀚，各门各类的资料如此之多，要把这些资料全部收集完整谈何容易。在北宋两次官修本草时，选取的资料，动用的就是朝廷的力量，朝廷下旨向全国征集图书资料。这样，国家图书馆里收藏的所有图书秘籍，就成为了编写本草书籍的资料来源。更何况，当时官修本草的编写班子由饱学的儒臣带领，有朝廷的众多医官参加，如此庞大的编写力量，才编成了《开宝本草》和《嘉祐本草》。

这是放在唐慎微面前的一个最大的难题，一位名不见经传的民间医生，他不可能像医官那样阅读中央政府的典藏图籍，手上没有丰富的医学资料，怎么可能实现这一宏愿呢？唐慎微一边行医，一边考虑这个棘手的问题。突然有一天，一个病人无意间向唐慎微说了一个偏方，唐慎微听了，一下子茅塞顿开，"何不利用自己到处行医的优势，来各地搜集药方呢？"当这个绝妙的好办法一经想出的时候，唐慎微就立即付诸行动。

他想，读书人接触的书多，让他们来帮着自己收集资料不是更好吗？为此，唐慎微定下一个规矩，凡是士人来找唐慎微看病，分文不取，但只有一个条件，就是希望他们帮助收集名方秘录。这个新奇的办法深得读书人的欢迎。他给读书人看病从不收钱，只需用名方秘录作交换。这些读书人在看各种经史百家书时，只要发现一个药名、一条方论，赶紧记录下来告诉唐慎微。就这样，经过长时期的积累，唐慎微不仅结交了很多学者，还搜集到了丰富的药学资料。

当时的成都，有个得天独厚的条件，就有每年都有定期的药物展销会。宋代，药物展销会改一年一次为三次，即二月八日、三月九日的"观街药市"和九月九日玉局观药市。当时南来北往的药商，于谯门外至玉局观等五门中，堆满了从各地来参展的药物，远远望去，就跟山一样。每次的药物展销会，唐慎微无论多忙，他都不会落下，在药物展销会上他都能获得极有价值的药物信息，他还常到各地采访，收集药物和民间方剂，得到许多失传的古代用药法则。

就这样，随着唐慎微的辛勤努力和不断地收集，他积累了大量的珍贵资料，为他著书立说打下了坚实的基础。

荐官不就著本草

唐慎微认真研究《补注神农本草》《图经本草》等书，在这两部书的基础上，他广泛采集医家常用和民间习用的验方单方，又从经史百家文献中整理出大量有关医药学资料，结合自己丰富的实践经验进行研究，于宋神宗元丰五年至六年（1082—1083年），唐慎微编成了本草史上划时代的巨著《经史证类备急本草》（简称《证类本草》）。

为了编写《证类本草》，唐慎微收集到许多极为珍贵的药学资料。他旁征博引，精细考察，而且采用"图文对照"的形式，摘录了宋代以前各家医药著作。据统计，书中选辑书目达 200 余种，除医书外，还包括"经史外传"、"佛书道藏"等，内容极为丰富。尤为可贵的是，唐慎微非常注意保持方剂原貌，以采录原文为主，从面为后世保存了大量后世失传的珍贵文献。如《雷公炮灸论》，这是一本中药炮灸方面的名著，在医药史上，是唐慎微第一个几乎将其全书收入了《证类本草》之中。又如《食疗本草》《本草拾遗》《海药本草》《食医心镜》等许多已散失的前人的重要的本草文献，其主要内容也都是有赖于唐慎微的努力才得以流传至今。

《证类本草》共三十二卷，六十余万字，收载药物一千六百种左右，多附药图，并说明药物的采集、炮制方法和主治功能，在每药之后附载有关方剂，首创了沿用至今的"方药对照"的编写方法。尚书左丞蒲传正看过该书初稿后，要保荐唐氏做官，但唐氏拒而不受，继续修订增补自己的本草著作，约于 1098 年以后定稿。

《证类本草》由《嘉祐本草》《本草图经》及唐慎微新增三部分内容组成。比《嘉祐本草》新增药物五百多种，列附方近三千首，还有众多的药物插图，内容十分丰富，有很高的学术价值。

《证类本草》囊括了上自《神农本草经》，下到北宋《嘉祐本草》以前的历代医药文献精华，是我国现存年代最早、内容最完整的一部划时代本草学名著。该书内容丰富广泛，资料翔实可靠，注释详尽，体例严谨，层次分明，是中国医药宝库中一颗光辉灿烂的明珠，是后世学者考察本草学发展史，辑佚古本草、古医方书籍的重要文献源泉。其对本草学的贡献大，文献学价值极高。《中国科学技术史》称此书"要比十五世纪和十六世纪早期欧洲的植物学著作高明得多"。

中国本草学，从《神农本草经》到唐《新修本草》，再到宋《嘉祐本草》，其间经过数次整理编修，形成层层包裹，逐步扩充之态势。《证类本草》是在《嘉祐本草》的基础上并入《本草图经》的内容，加以扩充调整而成。《嘉祐本草》收药一千多种，较之其前身《开宝本草》增加一百种，特别是新增药物注文很多，引用文献达五十余种，比《开宝本草》增加十倍之多，内容已属相当丰富了。

而《证类本草》除将《嘉祐本草》《本草图经》内容全部收

录外，还将《本草拾遗》《食疗本草》《海药本草》《蜀本草》等书中已载，而官修本草漏收的五百多种药物补收书中。此外，唐慎微本人还增加灵砂、井底砂、降真香、人发、绿桑螺、蝉花、醍醐菜等多味新药，使其所收药物比《新修本草》的八百五十种，增加一倍左右。

《证类本草》开创本草学增设附方之先例，唐慎微以前的本草书籍只载药物不列方，唐氏在《证类本草》中增列附方近三千首，上自仲景方，下迄唐氏本人经验方，无所不收，使书中多数药物都有附方，有的多达一、二十首，大大方便临床使用。

在药物炮制方面，《证类本草》收录了《雷公炮炙论》的内容，使数百味药充实了加工炮制的方法，改变了唐氏以前综合本草的不足。此外，《证类本草》还增加了食疗药物内容，对药物形态、产地、鉴别、采收、加工等方面内容亦有较详细记载。尤其是本书增加了大量药物注文，原《开宝本草》全书只有二百味药有注文，到《证类本草》几乎所有药物都有注文，从而进一步丰富了本书的内容。在该书问世到《本草纲目》刊行的五百多年间，尚无任何一种本草书在内容方面能与之媲美。

此外，该书除保持《嘉祐本草》体例外，还创用墨盖子作为唐氏新增内容的标记。在具体写法上，该书继续延用《新修本草》以降诸本草书的方法，即正文用单行大字，注文用双行小字；正文中系《神农本草经》者用黑底白字，系《名医别录》者用黑体大字，系《新修本草》者冠以"唐本先附"，系《开宝本草》者标以"今附"，系《嘉祐本草》者以"新补"或"新定"标引；注文中属《本草经集注》者冠以"陶隐居"，属《新修本草》者指出"唐本注"，属《开宝本草》者用"今按"或"今注"引出，属《嘉祐本草》者以"臣掌禹锡谨案"作注。

书中凡唐慎微本人新增的内容以墨盖子作为标志，有时也用文字说明，使人一目了然。《证类本草》对《嘉祐本草》、《本草图经》、唐氏新增三方面内容亦作了妥善安排，书中药后的药图及"图经曰"以下的小字为《本草图经》内容；夹在药图与"图经曰"之间的正文或注文，均为《嘉祐本草》的内容；凡墨盖子以下的内容，均为唐慎微新增。唐氏引文均以大字标明出处，小字接书其文，层次非常分明。《日本访书志补》评价说："此书集本草之大成，最足依据，且墨筐墨盖，黑字白字，使神农本经、隐居别录、苏敬新修皆可识别。其体例亦最为严谨。"此评价是非常恰当的。

唐慎微在《证类本草》中，不仅合并了宋代掌禹锡的《嘉祐本草》和苏颂著的《图经本草》的全部内容，而且旁征博引，精细考察，采用图文对照形式，辑录了宋以前各家医药著作，从而为后世保存了大量的医药文献。《神农本草经》《本经集注》《新修本草》《炮炙论》《开宝本草》《海药本草》等已散失的珍贵本草文献的主要内容，都依靠《证类本草》得以保存下来，利于后世辑复。

唐慎微以自己的智慧克服了收集资料不易的困难，他用毕生心血凝成的《证类本草》一书，在本草发展的历程中树起一块丰碑，也圆了他自己的一个梦。

唐慎微对后世中医药发展的影响

我国传统药学（亦称本草学）的起源，可追溯到"神农乃始教民尝百草滋味"的史前时代。东汉辑成的《神农本草经》标志着传统药学的确立；晋代陶宏景的《本草经集注》建构起按药物自然属性分类的理论模式；到唐代，官方编撰世界上第一部国家药典《新修本草》，迎来了药学研究的繁荣时期。

而宋以前的本草，一般只是朴实地记载药物功能主治，不附处方，医生在学习和使用时还需重检方药，极为不便。而《证类本草》采录了经典医著和历代名医方论，搜集大量单方、验方，共约三千余条，分别载入有关药物项下，使学者开卷之后能一览用途用法。在体例上也做了不少革新，如将药物理论和药物图谱汇编成一书；对古书作了许多文字修订及续添、增补等。

《证类本草》重视药材产地，所记产地计有一百四十多处，较唐代孙思邈所记的"其出药地凡一百三十三州"情况有所发展。由于唐慎微生长在药材之乡的四川，又能虚心地向他人包括自己的病人学习，因此他对四川产地药材记载尤为详实，如戎州（今宜宾市）产巴豆；梓州（今三台县）、龙州（今平武、江油县）产附子、川楝子、猪苓；茂州（今茂县）、眉州（今眉山县）产独活、升麻、决明子、使君子等。

《证类本草》载药一千六百种，其中新添药物就有五百种，较前世本草大有突破。该书对药物形态、真伪、炮制和具体用法等药物知识，兼收并蓄、汇编一体，使人开卷了然。

《证类本草》除引用《神农本草经》等历代本草医书外，还广泛搜集了古代的经史、笔记和文集等有关药物的记载，故后世已经失传和散佚的古书，也可从其引文中略窥梗概。

《证类本草》集秦汉到北宋药学之大成的著作，有极高的学术价值、使用价值和文献价值。问世后，历朝修刊，并数次作为国家法定本草颁行，沿用五百多年。由于其内容丰富而全面，《证类本草》也成为后世各类本草著作的基础，李时珍就以唐慎微的《证类本草》为蓝本，编撰了传统药学的巅峰之作——《本草纲目》。李时珍称赞唐慎微："学识博，使诸家本草及各药单方，垂之千古，不致沦没，皆其功也。"

英国学者李约瑟博士说："中国十二三世纪的《证类本草》要比十五和十六世纪早期欧洲的植物学著作高明得多。"作为北宋本草的杰出代表，达到了空前未有的高水平。而唐慎微作为一位民间医生，依靠个人的力量，独立完成了如此宏伟精湛的药学巨著，不能不说是医学史上的一个奇迹。

第八章

宋慈——世界法医学鼻祖

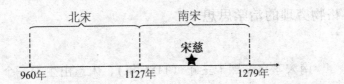

宋慈是著名法医学家，世界公认的"法医鉴定学"创始人，被尊为世界法医学鼻祖。

《洗冤集录》：世界上最早的法医专著，在中国元、明、清三朝，该书是刑、法官的必读之书，先后被译成法、英、荷等多种文字，比意大利的同类著作要早350多年。

格物穷理的治学思想

南宋孝宗淳熙十三年（1186 年），宋慈出生于一个官吏家庭。父亲宋巩，曾做过广州节度推官。宋慈少年授教于同乡吴稚门下，吴稚是朱熹的弟子，因此，宋慈有机会与当时有名的学者交往。朱熹便是程朱理学的开创人之一。

程朱理学，在宋朝时一度盛行。这是一个庞大完整而又十分精致的唯心主义思想体系，是程颢、朱熹等人发展出来的儒家流派。程朱理学认为理是宇宙万物的起源（从不同的角度认识，它有不同的名称，如天、道、上帝等），而且它是善的，它将善赋予人便成为本性，将善赋予社会便成为"礼"，而人在世界万物纷扰交错中，很容易迷失自己"理"的本性，社会也便失去"礼"。宋理宗（1225—1264 年）在位时，程朱理学被抬到至高无上的地位，成为不可争议的官方统治思想。其代表人物程颢、朱熹等被分别谥为"纯公"、"文公"，并从祀孔子庙，荣耀至极，可见此时理学影响之大。宋、元、明、清时期，历代统治者多将程颢朱熹的理学思想扶为官方统治思想，程朱理学也因此成为人们日常言行的是非标准和行为准则。

在南宋以后六百多年的历史进程中，程朱理学在促进人们的理论思维、教育人们知书识理、陶冶人们的情操、维护社会稳定、推动历史进步等方面发挥了积极的作用。同时，它对中国封建社会后期的历史和文化发展也有巨大的负面影响。不少人把程朱理学视为猎取功名的敲门砖，他们死抱一字一义的说教，致使理学发展越来越脱离实际，成为于世无补的空言，成为束缚人们手脚的教条，成为"以理杀人"的工具，从而反映出它的阶级和时代的局限性。

作为当时著名理学大师朱熹的同乡和后学，宋慈少年时期就曾受过理学的系统教育和长期熏陶。而宋慈的父亲为他取名慈，字惠父。"慈惠父"三字可以这样解释：期望他将来成为一个恩德慈及百姓、贤名垂于青史的父母官。这样的家教或者说家族理想的力量也是不可忽略的。

二十岁那年，宋慈考进太学。当时主持太学的朱熹再传弟子真德秀发现宋慈的文章出自内心，流露出真情实感，因此，对他十分器重。被真德秀所赏识的宋慈后来便拜真德秀为师。真德秀对于宋慈学业的进步与后来的思想都有相当的影响。中进士后，宋慈又多年为官。按照常情，这样的人一定具有浓厚的理学唯心主义，然而宋慈在法医学理论上和实践中所表现出来的却是唯物主义倾向，他不但没有空洞的理学唯心主义的说教，而且大力提倡求实求真精神。程朱理学认为，"合天地万物而言，只是一个理"，而人心之体又体现了理或天理，"心之全体，湛然虚明，万理具足"，"心包万理，万理具于一心"，这就是说，心中什么理都有，无须外求。如按此行事，根本不要了解外界现实情况，只要苦思冥想就可以了。

而宋慈却反其道而行之，他把朱熹具有唯心主义倾向的"格物穷理"之说变成唯物主义的认识论原则，不是向内心"穷理"，而是向实际求真。

宋慈的求实求真精神表现在他成为刑法官以后对尸体的具体检验方面。宋慈一生二十余载的官宦生涯中，先后担任四次高级刑法官，长期的司刑狱工作，使他积累了丰富的法医检验经验。他认为检验尸体，即给死者诊断死因，技术性一定要很强，在一定程度上更难于为活人诊病。这就要求刑法官不仅要有良好的思想品德，而且必须具备深厚的医药学基础，把握许多科学知识和方法。

儒者出身的宋慈，本无医药学及其他相关科学知识。为弥补这一不足，他一方面刻苦研读医药著作，把有关的生理、病理、药理、毒理知识及诊察方法运用于检验死伤的实际；另一方面，他认真总结前人的经验，目的就是为了防止因审判和检验不当而造成的失误。在多年的检验实践中，力求检验方法的多样性和科学性，在此方面可谓不遗余力。

当时州县官府往往把人命关天的刑狱之事委之于没有实际经验的新入选的官员或武人，这些人易于受到欺蒙，加之其中有的人怕苦畏脏，又不对案情进行实地检验，或虽到案发地点，但都嫌尸体恶臭避而远之，因而难免判断失误，以至黑白颠倒，是非混淆，冤狱丛生。身为刑狱之官，宋慈对这种现象深恶痛绝，强烈反对。他在审理过程中，强调以人民生命为重，以实事求是为原则。他说："我只是一个执法官，并没有其他的特长，但对于案件，却不敢有一丝一毫的懈怠之心。"这一表白，确是他多年为刑狱之官认真态度的写照。他尤为重视对案情的实际检验，认为：狱讼案件中没有比判处死刑更严重的了，判处死刑最看重的是搞清案件的真情，搞清案件的真情没有比做好伤、病、尸体的检查验证更要紧的了。因为被告的生死存亡、出罪入罪的最初依据、蒙冤昭雪的关键都由此而决定。

死刑，历来是最重的刑罚，这种刑罚则是由犯罪事实决定的，而犯罪事实必须经过检验才能认定，所以检验的结果往往是生死攸关的。因此，宋慈认为对待检验决不能敷衍了事，走走过场，而必须认真负责，一切从实际出发，一定要查出案件发生的真实情况，要做到没有任何误差，这对于司法来说也是最关键、最重要的环节。而要做到这一点，宋氏认为当检官员必须亲自到现场查看。无论案发于何处，也要亲自到案发地，一一认真仔细地检验，否则，应当以失职罪对其进行处罚。即使案发于暑月，尸味难闻，臭不可近，负责检验的官员也不可嫌弃恶臭，必须一如既往地、认真地对待这项工作。

宋慈不拘泥师教的另一突出表现是对待尸体的态度，特别是能否暴露和检验尸体的隐秘部分。按照理学"视、听、言、动非礼不为"、"内无妄思，外无妄动"的教条理念，在检验尸体之时，都要把隐秘部分遮盖起来，以免有"妄思"、"妄动"之嫌。宋慈出于检验的实际需要，一反当时的伦理观念和具体做法，彻底打破尸体检验的禁区。他告诫当检官员：切不可令人遮蔽隐秘处，所有孔窍，都必须"细验"，看其中是否插入针、刀等致命的异物。并特意指出：凡验妇人，不可羞避，应抬到光明平稳处。如果死者是富家使女，还要把尸体抬到大路上进行检验，令众人见，以避嫌疑。

如此检验尸体，在当时的理学家即道学家看来，未免太"邪"了。但这对查清案情，防止相关人员利用这种伦理观念掩盖案件真相，是非常必要的。宋慈毅然服从实际，而将道学之气一扫而光，这是难能可贵的。只是由于宋慈出身于朱门，不便像同时期的陈亮、叶适等思想家那样，公开指名道姓地批判程朱的唯心主义。但他用自己的行为和科学著作提倡求实求真的唯物主义思想，此与陈、叶的批判具有同样的积极意义。

惠爱子民听讼清明

在宋慈的青年时代，南宋政权已处在风雨飘摇中。宋宁宗赵扩与宰相韩胄虽力主北伐金军，但南宋负责川陕一带防务的将领叛变投敌，使北伐惨遭失败，南宋朝廷的主和派迫于金人压力，于1208年与金订立"嘉定和议"，宋向金增贡绢银，国力因此更加衰弱。

宝庆二年（1226年），宋慈任赣州信丰（今属江西）主簿，主理一县文书簿籍。南宋时期的赣闽地区，江西西部的三峒里少数民族民贫、地狭、人稠，人民处水深火热中，民反和兵乱频频发生。安抚使郑性之非常赏识宋慈的才能，就让他来参与平定叛乱。

在平定"三峒贼"的战役中，宋慈采取首先赈济六堡饥民，然后率兵三百大破石门寨的战略，因俘获敌将、战功卓著而被特授舍人一职。不久，在真德秀推荐下，宋慈又进入招捕使陈幕府，参加平定闽中叛乱。宋慈带领孤军奋战，且行且战三百余里，他的忠勇就连久经锋镝的主帅也对他刮目相看，称赞他的勇敢顽强在朝中所有武将之上。自此，主帅在军事谋划方面也多咨询于宋慈。

因得到主帅赏识，宋慈被任命为长汀知县。当时宋理宗赵昀继位，南宋想要联合蒙古破金，因考虑不周，结果兵败，加之当时贾似道擅权，理宗消极不理朝政，致使内政愈加腐败。这个时期，宋慈先入魏了翁幕僚，后来到通判邵武军的帐下，任毗陵郡守。虽频繁调任，但宋慈所到之处均入境问俗，惠爱子民，佳誉鹊起。他文而勇武，兼有谋略，由主簿而知县、知州，多所历练，这些经历又使宋慈在年逾半百之后得以接受朝廷重任——先后出任广东、江西、湖南提点刑狱司，并在晚年担任了广东经略安抚使，也就是"提刑官"。

"提刑官"是宋代所特有的，是"提点刑狱公事"的简称。"提点"就是负责、主管的意思。北宋太宗朝开始设立"提点刑狱公事"。朝廷选派文臣到地方，审理疑难案件，清理积压的旧案，到真宗朝逐渐制度化，设置了提刑司的衙门。后来"提刑官"虽有暂时的撤废，但两宋大部分时间都是存在的。在刑狱、治安之外，宋代的"提刑官"有时还监督某些赋税的征收，或监督地方仓储的管理。可以看出来，宋代的"提刑官"具有今天的省检察长、公安厅长、省高级法院院长、省军分区司令等多重的身份和职能，而且他们直接对中央负责，在地方上没有直接的隶属对象，不像今天的检察长、公安厅长或法院院长等，与省委、省政府存在一定的隶属关系。

"提刑官"的设置有助于加强中央集权，同时也能有效地监督刑狱、诉讼，平反冤案，打击不法官吏，又起到了缓和社会矛盾的作用。由于州县官的渎职，狱吏的敲诈勒索，导致案情扑逆迷离，久拖不决，"提刑官"是判决的一个重要关卡，他们能否尽职，关乎百姓能否得到公正的判决，冤狱能否得到昭雪。因此宋王朝很重视"提刑官"的人选，多由曾长期任职于地方的、熟悉地方事务的官员担任。宋慈在出任"提刑官"之前，就曾在福建、四川等地做了十几年的地方官。

宋理宗绍定五年（1232 年），宋慈任长汀知县，长汀便成了宋慈最早进行断狱实践的地方。上任前，宋慈想体察一下当地的民情，于是他决定微服上任。他从建阳直接前往长汀赴任，先沿着建溪乘船顺流而下至南平，然后拐入沙溪逆水西行，至沙县上岸走陆路。宋慈沿途目睹了福州的海盐进入闽西的运输的艰难：山路狭窄，挑夫迈着沉重的脚步汗流浃背；盐路上匪患出没，危及人身安全。所以，海盐从福州起运，往往要花费一年的时间才能够运到。因为长汀及周边县的食盐都是从福州经闽江溯流南昌运转，成本高，价格就昂贵，"食盐难"成了当地百姓最头疼的一件大事。

为了减轻百姓负担，解决人民疾苦，宋慈上任后，做的第一件事就是决定改向潮州采购食盐。由于汀江航道水流湍急，险滩四伏，宋慈亲自来到汀江沿途观测探险，规划航道整治。最初从潮州溯韩江运到峰市，再由峰市运到上杭。1236 年，宋慈又开辟了长汀至回龙的航道，使潮盐从广东潮州经韩江、汀江直达长汀。同时，汀州各县出产的土纸、笋干等土特产也源源不断地从这里运出山外。长汀上的水东桥见证了当年"上三千下八百"的繁荣景象，使汀州成为闽粤赣三省的通衢，一条汀江搞活了汀州大地。可以说，宋慈功不可没，他对古代闽西的对外经济贸易做出了巨大的贡献。此外，他还大力倡导了当地盛行的妈祖信仰，极力充当百姓心中亲民爱民的地方官吏。他参与过赈灾放粮，与平反冤狱一样，挽救了不少平民百姓的生命。

宋慈处世的方式又是随和的，对于司法工作，态度又是十分严肃认真的，他对检验官吏的职责制定了一整套比较完整的条文规定。例如：对尸体应验不验，或检验官不亲临现场，或不确定致死原因，或定而不当，他都认定这是严重失职的行为。会分别以违反有关职责而给予处置。检验官赴现场时，禁止沿途烦扰民众。初检时，不得因尸体腐烂而不进行检验。所有尸检记录，初验官和复验官不得私自见面，以避嫌疑，并不得互相透露所验结果等等。

宋慈每到一地任官，他平冤的决心总是坚定的。他本着听讼清明，决事果断的办案风格，在断狱执法过程中，具有审谨态度和求实精神，着重实地检验，全面掌握案情，当时的百姓都说："宋慈的执法真是'狱无冤囚，野无流民'。"这是百姓对他的执法和执政的赞誉。

宋慈刚到长汀上任，前任知县留下一件发生在新婚之夜的杀人命案：长汀城外五里坪有一家人娶媳妇，洞房之夜新郎吃了新娘送来婶娘煮的面条后身亡，前任知县审理时用了大刑，新娘子受不了，招了；新娘子入狱并将于秋后问斩。宋慈接手后，认为此案有疑，于是开棺验尸，发现有一股蛇腥气。后来又了解到，新郎暴死之日，村里的一口鱼塘的鱼也死了。宋慈命人抽干塘水，找到一个小瓶子。同时在村中捕蛇人龚三家中，也搜出一个同样的小瓶子，里边还装有半瓶的蛇毒。案情终于大白，原来龚三是新郎的邻居，因贪图新娘美貌，起了歹心，下毒害死新郎。上个世纪七十年代，一出《十五贯》的戏剧风靡全国；据悉，剧中的案情部分内容可在当年长汀找到它的原型。

宋慈升任广东提点刑狱之前，原先的广东官吏很多都不奉行法令，导致积压的案件很多，于是他下令限期清理积案。在他到任短短八个月内，他深入现场察访调查，清理了一大批冤案、错案、悬案、屈打成招的假案，审理了二百多名死囚，其中有些是被陷害和冤屈的无辜者，宋慈不仅为他们平冤昭雪，免除了死刑，同时也惩处了一批贪赃枉法的吏役和逍遥法外的罪犯。由于宋慈"听讼清明，决事刚果"，"以民命为重"，因此，在民众中间赢得了清官的名声。

完成世界上最早的法医专著——《洗冤集录》

在漫长的中国封建时代，一直奉行的是"疑罪从有"的潜规则，冤狱的产生于是便成为不可避免的事情。那么多的冤案、错案使宋慈心中生出一种前所未有的使命感，多年检验工作的实践，使宋慈清楚地认识到，冤案的造成常常起因于微小的误差；鉴定检验发生的错误，则都来自于检验官阅历经验的浅薄。这就是说，错案、冤案最主要的是由于检验不足而造成的。认识到这一点后，他开始博览各朝各代的法医书籍，认真研究了同时代早期著作《内恕录》以及其他一些法医著作。他字斟句酌，对每一章每一节都认真消化，汲其精华，去其谬误，并结合自己长期司法实践的经验积累，终于在 1247 年，用全部心血编成了一部标准的法医著作——《洗冤集录》。

《洗冤集录》分为五卷，共五十三项。它包括了法医学的主要内容，如现场检查、尸体现象、尸体检查以及各种死伤的鉴别，同时涉及了广泛的生理、解剖、病因、病理、诊断、治疗、药物、内科、外科、妇科、儿科、骨伤和急救等方面的医学知识。

在《洗冤集录》的序言中，宋慈写道："从古至今，在所有案件的审理中，最重要的就是对死刑的判决环节。而要对犯人判处死刑，最要紧的就是要查明案情的线索及实情，而要弄清案子的线索和实情，首要的就是要依靠检验勘查的手段。因为人犯是生是死，断案是曲是直，冤屈是伸张还是铸成，全都取决于根据检验勘查而下的结论。这也就是法律中规定的州县审理案情的所有刑事官员必须亲身参与检验勘查的道理之所在，一定要无比谨慎小心才是最正确的啊！近年来，我观察到各地的衙门，却把如此重大的事项交给一些新任官员或是武官去办理，这些官员没有多少经验，便冒然接手案子，如果再有勘验人员从中欺瞒，衙门中的下级办事人员又从中作奸捣鬼，那么案情的扑朔迷离，仅仅靠审问就是很难弄清楚的。这中间即使有一些干练的官员，但仅凭着一个脑袋两只眼睛，也是很难把他的聪明才智发挥出来的，何况那些远远望着非亲非故的尸体不肯近前、对血腥恶臭避之犹恐不及的官吏们呢！

"我宋慈这个人四任执法官，别的本事没有，唯独在断案上非常认真，必要审理了再审理，不敢有一丝一毫的马虎。如果发现案情中存在欺诈行为，必然会厉言驳斥加以矫正，决不留情；如果有谜团难以解开，也一定要反复思考找出答案。我在审理案件中，生怕独断专行、让死者死不瞑目、让罪犯消遥法外。我常常在想，案狱之所以会出现误判，很多都是缘于细微之处出现的偏差；而勘查验证失误，则是因为办案马虎、经验不足造成的。鉴于此，我编写了一本《洗冤集录》，给我的同僚们研读，以便他们在审理案子时参照。这就如同医生学习古代医书处方一样，在诊治病人之前，事先就能够理清脉络，做到有章可循，再对症施药，则没有不见效的。而就审案来说，其所起的洗清冤屈、还事实于本来面目的结果，与医生治病救人、起死回生的道理也是完全相同的。"

宋理宗看过此书以后，大加赞赏，下令全国颁行，办理刑案的官吏人手一册。自此，《洗冤集录》便成为当时和后世的法医检验指南。

依宋代制度，提点刑狱司为路级（相当于今天的省）监司，即司法机构之一，各路普遍设置。最初，提点刑狱司常以文官担任，到南宋时，则普遍代之以武臣，以加强地方政权的弹压能力。宋慈在广东、江西等地为提点刑狱司期间，深查细访，虽荒僻山野他也是必到。他所到之处，雪冤禁暴、扶正安良。所以，宋慈就一直认为要将检验之事做得充分、到位，除认识到证据的重要性外，主要取决于为官者。他在书中写道："吏不良，则有法而莫守。"这其实也是统治阶级要坚守的执政信念。他给今人的启示是：相对于程序规则和证据规则而言，司法的组织规则更重要。法官不良，再好的程序和实体法有什么用呢？法令是如何谨慎的呢？宋慈在书中提及诸多，此处挑选几点言之：

其一，差文官。由于武官在行政上远不如文官精通，再遇到奸诈的吏胥，将会使案件变得模糊不清、扑朔迷离，从而难以查究。如边远小县，实在缺少文官。

其二，事必躬亲。不得专任吏胥，在北宋时期，主审的御史等官通常不亲临现场，一般都是差使吏胥去办理案件，一副枉自尊大的作派。他指出，主审官一定要事必躬亲，要求检验官必须仔细审察、判别、监督，以防发生误验、漏验之事及仵作、吏胥作弊等，而非仅仅在场遥遥相望，甚至做出掩鼻而不屑的样子。"事必躬亲"就是司法亲历性的古代版本。

其三，凡是参与检验的官员，都要差使无亲嫌之人，这规定了为官者的回避制度。这反映了宋慈的稳定思想，事事至公，则天下稳定。另外，律法规定官员三年一调换，且不可在家乡任职，这对于防止司法活动中亲嫌、故旧、仇隙关系的干扰起到了很好的防范作用。

《洗冤集录》中关于对尸体的初检，尸体检验的管辖、受理、回避、检验时限、检验标准、检验场所、旁证调查、勘验记录都有严格的要求，对检验人员玩忽职守、循私枉法、检验中弄虚作假、有伤风化等行为都有制定严厉的处罚措施，目的在于保证现场勘验和尸体检验工作的合法性和公正性。

他在书中写道，检验官在接到检验公文之后，为防止奸欺，切不可接近官员、秀才、僧道，因为这些官员、秀才、僧道等在地方上有一定势力，上能通官府，下能聚集民众，一旦参与颠倒案情之事，将对探明案情真相极为不利。除了对尸、伤及现场进行认真仔细的勘验，检验官要重视对现场周围以及相关人员的调查和访问，只有把各方因素综合思量之后，方能获取正确而有效的证据，以使得自己的检验结果得到印证，探明案件真相。要成为一个合格、出色的检验官，宋慈认为至少要有两个绝招：一为尸、伤等检验的技术；二为综合素质的考量，且后者更为重要。

由于中国古代科学、医学的落后，在刑事审判过程中，不可能通过科学的手段获取物证，往往单纯依赖口供作为定罪的唯一依据。所以，中国传统社会向来重视口供的采集。口供固然重要，但种种获得口供的非法手段早就存在，虽一直被世人唾弃，但一直屡禁不止。宋慈却认为命案侦查的重点不在口供，而在于尸体。命案现场勘验又以尸体检验工作为核心，它是整个命案侦查的起点。全面、细致、合法、公正地对尸体进行检验，并全面收集有关尸体周边的信息，对查清案件事实，证实作案真凶有着重要的作用。

宋慈认为命案的侦破应当立足于发现尸体的现场，从尸体检验的客观结果出发，不要轻易相信旁证，以防其中有弊。不轻信口供在当时律法中也有体现，即使罪犯招供，也要查出证据；反之，即使罪犯不招供，在物证确凿的情形下，也可定罪判刑，一切须以证据以根本。时间不可能穿越到过去，案情不可能"情景再现"，因此所谓的"真相"并不能得到百分之百的还原，但是检验勘察，事关人命，必须将事后检验之事充分做到位，使之不断接近百分之百的真实，还事实以真相。尤其对一些尸体的可疑现象要做深入地研究和检验，并且全面收集有关死者的各种信息，以获取查清事实的依据。而这真相又名目繁多，这就需要不断地深入探讨与研究。

比如在某地发生了一起多人斗殴一案，双方大打出手，场面很是激烈。一方终于把另一方打得落荒而逃，参与斗殴的人也就纷纷散开了。散后，有的人去近处江河、池塘边清洗头上、脸上的血迹，或因口渴取水喝，但是，因为刚刚打过架，身体还很疲劳。这个时候，就会有因酒醉相打后头昏目旋，来到河水就一失足落水而淹死的。由于落水时还是活着的，因此尸体的肚腹膨胀，十指甲内有沙泥，两手向前，检验官检验的结果也只得是落水淹死。虽然尸体上分明有殴打伤痕的存在，但是，万万不可将此殴打伤痕再定作致命原因，只——记录在验尸状上就可以了，此类案件就只定性为落水致命，这是最为简捷的办案方法。因为所验得的打伤，虽然处在要害地方，但还不是其真正致死的原因。曾经就有位检验官因为看到死者头上的伤痕，便定作是因为打伤后才导致昏迷，昏迷中倒在水中然后致死的。最后他竟将打伤的地方当成了致命所在，以致逮捕打人者定为罪人，打人者定然不服，案子一审再审，难以定夺。更有打架打的分散后，走到高处失足跌下的。这就要求检验官只要验看失脚处地势的高下、扑伤的痕瘢、致命要害所在，还必须查问曾经看到打架分散的见证人。

宋慈在书中一再强调以查找证据为目的的检验勘查工作当慎之又慎，原因在于致命伤的检验对加害人的定罪、量刑关系重大，宋慈强调检验中一定要仔细勘验，"凡伤处多，只指定一痕系要害致命"；倘若是聚众斗殴，"如死人身上有两痕，皆可致命，此两痕若是一人下手，则无害；若是两人，则一人偿命，一人不偿命，须是两痕内，斟酌得最重者为致命"。然而，如果两个人同时刺杀、同时打击，要定哪个对致命伤负主要责任，就比较困难了。这就需要详细观察研究案件的始初情节，尸体伤痕的长短，能合乎什么器物大小，仔细斟酌，定无差误。

在南方，还有一些平民百姓因为与他人的利益之争，便自己了断性命试图诬赖以泄私愤。他们自我了断的办法其实也很简单，就是先用榉树皮在身上按摩出一种伤痕，死后就像是用他物打伤的样子一样。可是，这在检验官来说，就是一件很棘手的事情。那么，这要怎样来辨验呢？宋慈说："如果看到死者伤痕里面是深黑色的，四边青赤色，分散开来成一片痕瘢，轻按下又没有浮肿的，就是生前用榉树皮摩擦成的。这是由于人活着血脉流行，与榉树皮相辅而成痕的缘故（如果用手按下，痕损处虚肿，那就不是榉树皮摩擦成的了）。如果是死后用榉树皮摩擦的，就苦于没有扩散远伸的青赤色，只是微有黑色，按下去皮肤不坚硬的，这样的伤痕就是死后摩擦出来的了。这是由于人死以后，血脉不行，致使榉树皮不能发挥效用的缘故。"

有一个人在深池中淹死了，很长时间都没有被人发现。后来，尸体被一个打鱼的人发现了，报了官。检验官来到现场，看见死者的皮肉都没有了，只有髑髅和骸骨还在，尸体显然已经无法辨认，检验官悻悻而归。县官屡次派人检验，竟然没有一个人肯来，因为大家都知道尸体已经腐烂到那种程度，根本检验不出什么结果来，徒劳无功罢了。就这样，县官督促了十几人，都没人应承此案。这时，有一位官员站了出来，说他愿意承当此案的检验工作。那位官员当即来到现场，进行就地验骨。他首先检查一遍，发现并没有什么伤害痕迹。于是取来髑髅加以净洗，用干净的水瓶斟水细细从脑门穴灌入，看有没有细泥沙屑自鼻窍中流出，以此来判定是否是生前溺水身死的。这是因为生前溺水死，就会因鼻孔吸气，吸入泥沙，死后入水的便没有。结果一查，确认此人是不慎失足落水而死，此案便终于结案了。

又如在一条路上，一前一后走着甲乙二人，乙随身背着一个很大的包裹。临近中午吃饭的时候，甲取包裹里的干粮，乙无意间看到甲的包裹里有很多银两，见财起意，他就想把这些银两都占为己有。于是，他向甲套近乎，招呼甲一道走。一路上也有说有笑的，当走到一条小河时，河面很窄河水也很浅，乙和甲就踩着河面上的石头，一步一步地过河。当走到河水中央的时候，走在后面的乙突然捉住甲，猛地按到水中，甲拼命挣扎，乙便使出全身的力气按住甲的头，只一会功夫，甲便被活活淹死。有路人发现甲的尸体，就报了官。检验官来到现场一检查，身体的上上下下，哪里都没有伤痕。宋慈针对这个案子说："这自然是没有伤痕的，那么怎样检验呢？这就先要验看尸身，大小十指指甲如果各呈黯色，指甲及鼻孔内各有沙泥，胸前呈现赤色，嘴唇有青斑，肚腹鼓胀，这就是甲被乙按到水里而致死的了。要审问查明乙作案时的原始情节，要有赃证加以验证，就会万无一失。"但是，又有的年老人，被人用手捂住口鼻，也便气绝身死。这也是没有伤痕而死亡的一种情况。如果尸体周身没有伤痕，只是面色有些青黯，或脸的一边有些像肿的样子，这多是被人用东西搭在口鼻上捂死。或是用手巾布袋之类绞死，不见痕迹，更要看脖子上的肉硬就是。务必要看手脚上有没有被捆绑的痕迹；舌头上恐怕有嚼破的痕迹；大小便二处恐怕有被脚踏肿的痕迹。如果没有这一类情况，方才可以看嘴里有没有涎唾，喉咙中肿与不肿。如果有口涎及喉肿现象，恐怕是患缠喉疯而死的，应当详细考察。如果查究出行凶人近来有窥伺图谋，事迹分明，又已招认伏罪，才可以检出。如果没有什么形迹，就恐怕是酒醉后突然死亡的。

曾经有一个乡民，叫自己的外甥跟邻人的儿子携带锄头一起去开山种粟。可是，过了两天两夜，外甥和邻人的儿子也没有回来。乡民非常担心，就上山去看个究竟。到山上后，竟然发现两个人都死在山上了。他惊惶失措，急忙报告到官府，经查死者衣服都还在，就发出公文请官验尸。验官到达地头，看到一尸在小茅屋外面，后脖颈骨被砍断，头部和面部各有刃伤痕；一尸在茅屋里面，左项下、右脑后各有刃伤痕。在屋外的，众人说是先被杀伤而死的；在屋内的，众人说是自杀而死的。官府但以两尸各有伤痕，别无财物，定作两相并杀而死。一验官在仔细观察了现场后，说："如果拿一般情况来推度案情，作为两相并杀而死是可以的；但是那屋内尸上的右脑后刀痕很可怀疑，哪有自己拿刀从脑后自杀的呢？手不方便啊。"果然，没隔几天，就捕获到了真正的杀人凶手，此案告破。如果不是这位检验官的细心推断，那么两个被害人的冤仇就要永无归宿了！因此，宋慈认为：办案贵在精细专心，不可疏忽差错。

有位验官验一个被杀在路旁的尸体，起初怀疑是被强盗杀死的，等到检查完全身，发现衣物全在，身上被镰刀砍伤了十多处。检验官说："强盗要杀人只为取财，现在财物在而伤痕多，不是仇杀是什么？"于是叫左右退下，传唤死者的妻子来问道："你丈夫平日跟什么人冤仇最深？"回答说："我丈夫向来与人没有冤仇。只是近日有某甲前来借债，没有借到，曾有限定日期的言语，但说不上是冤仇深的。"检验官默记下了某甲的住处，随后派人分头告示某甲住地附近的居民："各家所有镰刀尽数拿出来，立即呈交验看，如有隐藏，必是杀人贼，将予追究查办！"不一会儿，居民送到了镰刀七八十柄，按顺序陈列在地上。当时正值盛暑天气，内有镰刀一张，苍蝇飞集其上。检验官指着这把镰刀问是谁的，忽有一人出来承当，原来就是那个借债未遂而去的人。当即逮捕审问，那人百般抵赖，不肯认罪。检验官指着镰刀叫他自己看，对他说："众人的镰刀上都没有苍蝇。现在你杀人留下的血腥气仍在，所以才导致苍蝇聚集在你的镰刀上。在事实面前，你难道能隐瞒得了吗?"左右围观的人都为之失声叹服，那个杀人的人面对铁证如山，也不得不叩头承认了自己的罪行。

广西地方有凶徒谋害死了一个小童工，并夺去了他所携带的财物。到案发的时候，距离行凶时间已经很长了。但因犯已经招认:"劫夺完毕，把人推入水中。"经县尉司打捞，也在河下流涝到了尸体。但尸体肉已烂尽，只留下了骸骨，已经无法辨认了。官府怀疑打捞上来的尸体或许和本案中的尸体只是一种偶合，所以不敢决断处理。后来县官翻阅案卷，看到最初体究官交到的一份死者的哥哥所作的供述，说其弟本是一个龟胸而矮小的人。于是县官即派检验前往进行复验，结果尸骸的胸骨果然是这样，这才敢把此案结案，把囚犯定刑。

在《洗冤集录》中，有一些检验方法虽属于经验范畴，但却与现代科学相吻合，令人惊叹。如用红油伞检验尸骨伤痕，就是一例:把一具尸骨洗净，用细麻绳串好，按次序摆放到竹席之上。挖出一个长五尺、宽三尺、深二尺的地窖，里面堆放柴炭，将地窖四壁烧红，除去炭火，泼入好酒二升、酸醋五升，乘着地窖里升起的热气，把尸骨抬放到地窖中去，然后盖上草垫，等到大约一个时辰以后，再取出尸骨，放在明亮处，迎着太阳撑开一把红油伞，来进行尸骨检验。如果尸骨上有被打处，就会看到有红色微荫，就是骨断处连接两头的骨头各有晕色出现。再以有痕骨迎着日光验看，如果是红色就一定是生前被打过，骨上如果没有血晕，即便有损伤也是死后的伤痕。这样，死者生前的死因也就在红油伞下全部展现了出来。

此种验尸方法是非常科学的，因为尸骨是不透明的物体，它对阳光是有选择地反射的。当光线通过明油伞或新油绢伞时，其中影响观察的部分光线被吸收了，所以容易看出伤痕。如此检验尸骨伤损，与现代用紫外线照射一样，都是运用光学原理，作者运用和记载这些方法，目的在于查出真正的死伤原因，无不体现了求实求真的科学精神，只是宋慈限于当时的科技水平，处于尚未自觉的状态，知其然而不知其所以然。

在检验妇女的尸体方面，宋慈说："查看不到有伤损的地方，一定要验看阴门，因为恐怕会有人从这里插刀进入腹内。刀痕离皮肤浅的，便肚脐上下微有血晕出现，深的便没有。这种情况多发生在单身谋生的妇人身上。"

宋慈研究自残还有很多心得，他在《洗冤集录》中记载了很多关于辨认自残的方法。为后代从事司法工作的官员提到了理论依据。比如在民间流传的"知州巧断自残"的故事，就是其中之一。

古代在山西养蚕的人很多，家里要是养蚕，一定要种桑树。有个老者姓王，家里有三亩桑田。一天，老王正在采桑叶，突然发现一个小偷在桑园偷桑叶。老王大喊一声就和这个小偷打成了一团。这时，小偷拿出一把镰刀冲着老王就砍了过来，他没想到老王竟然会几下拳脚功夫，老王两下就把小偷打倒在地，并把镰刀抢了过来，随后，老王揪着小偷去见官。在去县衙的路上，这个小偷见跑不了，就趁老王不注意，一把将镰刀抢过来，猛地在自己右胳膊上砍了一道伤口。

到了县衙，老王状告小偷偷他家桑叶，被他抓伤后自伤右臂，小偷却反咬一口，说右胳膊上的刀伤是被老王给砍的。县官走到堂下，看了老王一眼没说话，又看了看小偷的伤口，冷笑了一声，回到座位上，对小偷说："你还没吃饭吧，走，我请你去吃饭。"说完领着小偷到后堂摆下酒席，县官和小偷坐下，把老王晾在一边，老王心里感到冤屈，小偷却特别高兴。拿起筷子就夹菜，这时，只见县官哈哈大笑。

县官把小偷笑懵了，"有什么不对吗?"小偷忙问。县官不慌不忙地说："你左手拿筷子，那你右臂上的伤必须是你自己砍的。快从实招来吧。"小偷不服，说："虽然我是左撇子，那也不能证明伤是我自己砍的呀。"县官说："你的伤口自己会说话。根据力学的原理，刀入肉内，先入的那口深，划到后面刀口变浅。如果是被外人砍伤，刀口里深外浅；如果是自残，刀口里浅外深。而你的伤口正是里浅外深，显然是你自己砍的。"小偷听完，无话可说了。

精炼平实的《洗冤集录》，化腐朽为神奇，演化出了很多不可思议的古代刑侦手段。在某个已经火焚的现场，要找到杀人凶手曾经作案的证据，可以将被害人伏尸的地方打扫干净，先用酽米醋浇泼，然后用酒浇泼，土质地面上很快就会显现被害人流淌过的血迹。一个人死于意外还是他杀，在检官的抽丝剥茧中会冲破重重迷雾，而《洗冤集录》就是检官手中的武器。

宋慈在书中还介绍了一种刑侦手段，利用昆虫推测被害人的死亡时间，显示了相当的破案水平。宋慈还把当时居于世界领先地位的中医药学应用于刑狱检验，并对先秦以来历代官府刑狱检验的实际经验进行全面总结，使之条理化、系统化、理论化。入宋以后，以印刷术、火药和指南针的应用与发明为标志，科学技术包括医学有了巨大的飞跃，医学分科更加细密，如针灸、妇科、小儿科、外科（古称疡科）都成为独立的科目，官府和私人修纂各类诊方、药典等本草类著作亦蔚为大观。

在《洗冤集录》中的"救死方"中，列举了很多应急抢救的方法，如：惊吓致死的，用温酒一两杯灌之，即活；暴死、堕跌、撞倒鬼魇死的，如果尸身未冷，急以酒调苏合香丸灌入口中，如能下喉去，可以复活；比如一个人吃下断肠草之类的毒药，可以给他灌下粪汁解毒；再如书中论述的救缢死法，与当代的人工呼吸法，几乎没有差别。还有用糟、醋、白梅、五倍子等药物拥罨洗盖伤痕，有防止外界感染、消除炎症、固定伤口的作用，也与现代科学原理一致，只是使用的药物不同而已。诸如此类，不胜枚举。这种专业常识直到今天都是行之有效的方法，是有关人员必须牢记在心的东西，在关键时刻能够起到救人一命的作用。宋慈运用和记载这些方法，目的在于查出真正的死伤原因，无不体现了求实求真的科学精神。

在《洗冤集录》中，宋慈反复强调以民命为重、人命重于天的理念，促成了有关人员用证据说话、用证据量刑的行为方式。事实证明，这是一种科学真理之外的宗教真理，也是《洗冤集录》留给后人最宝贵的精神财富，至于《洗冤集录》救了多少无辜性命，已经无法统计。

清康熙三十三年（1694年）国家律例馆曾组织人力修订《洗冤集录》考证古书达数十种，定本为《律例馆校正洗冤录》，传阅全国。因而《洗冤集录》自十三世纪问世以来，成为当时和后世刑狱官案头必备的参考书，几乎被奉为"金科玉律"，其权威性甚至超过封建朝廷颁布的有关法律。七百五十多年来，此书先后被译成朝、日、法、英、荷、德、俄等多种文字，其影响非常深远，在中、外医药学史、法医学史、科技史上留下光辉的一页。其中贯穿着"不听陈言只听天"的求实求真的科学精神，至今仍然熠熠闪光，值得发扬光大。

《洗冤集录》不仅是我国，还是世界法医学史上最优秀的文化遗产之一，它就如同美丽的宋代青花瓷器，折射出法律文明的辉煌历史，让后人感慨不已。早在明朝初年，它首先传入朝鲜，三百余年间，一直是朝鲜法医检验领域的标准著作。之后在德川幕府时代（1603—1867年）经朝鲜传入日本，在短短的十年间六次再版，影响极大。该书的最早版本，当属宋淳祐丁未宋慈于湖南宪治的自刻本，继又奉旨颁行天下，但均已失传。现存最早的版本是元刻本《宋提刑洗冤录》；此处又有从《永乐大典》中辑出的二卷本。鸦片战争后，它又被西文学者翻译介绍到荷、德、法、英等四国，影响欧洲国家。本世纪五十年代，前苏联契利法珂夫教授著的《法医学史及法医检验》一书将宋慈画像刻印于卷首，尊为"法医学奠基人"。

名垂青史的大宋提刑官

宋慈在二十多年的仕宦生涯中，为官清廉，生活朴实，一生无其他嗜好，唯爱收藏异书名帖，喜金石刻。晚年的他更加谦虚谨慎，爱惜人才，后生晚辈中，凡有一技之长，都会得到他的提拔引荐。他年老时有病在身，但一切公务，他必亲自审察，还是一如既往地一丝不苟，慎之又慎。

宋理宗淳祐八年（1248年），宋慈任宝谟阁直学士，奉命掌管刑狱的工作。在此期间，他兢兢业业，听讼清明，决事果断。翌年，升任焕章阁直学士、广州知州与广东经略安抚使。有一天，他忽患头晕病，尽管如此，他仍然参加了祭孔典礼。从此以后，他的身体健康状况越来越不好，同年三月初七，宋慈终因病魔缠身，久治不愈，病逝于广州寓所，享年64岁。次年七月十五日，归葬建阳县崇雒里（今崇雒乡）建阳宋氏祖居地昌茂村。宋理宗亲自为宋慈书写墓门，以此凭吊宋慈功绩卓著的一生。并赐赠朝仪大夫，赞誉他为"中外分忧之臣"，亲手题写墓碑"慈字惠父，宋公之墓"。

七百多年过去了，他仍然活在长汀人民的心中。为了纪念宋慈在长汀的政绩和功德，人们在汀江河畔立碑建亭，以示对他的永远怀念。后来宋慈的墓地迁至福建建阳市崇雒乡昌茂村西北，虽经战乱、兵祸，宋慈的事迹和身世也逐渐模糊，但《洗冤集录》却时时提醒人们，历史上曾经有一个兢兢业业的大宋提刑官，历史上曾经有一个重证据实的理性年代，即使七百多年过去了，人文大宋依然得到了世界的推崇。文明的力量是长久的，而暴力征战只能得逞于一时。

或许是由于《宋史》无传，宋慈的一生行迹只见载于刘克庄为他作的《宋经略墓志铭》，以及清人陆心源《宋史翼》中的《循吏传》，以致后人对宋慈的了解很难详细而全面。特别是《洗冤集录》在总结前人断案经验时，基本上删去了具体案例的情节，而只是提炼那些带有规律性的检验方法与技术。至于宋慈在提刑司一职上究竟都处理过哪些刑案，除去刘克庄所作墓志铭笼统地提及治理赣闽"盐子"剽掠以及在广东八个月内处决死刑等重大案件二百多件以外，文献中没有更多的线索。这就使得后人只能从"循吏"的角度去认识和评价宋慈。这种具体史事和案例的缺失，却也为后人用文学艺术手段去重塑宋慈形象（即所谓"戏说"）留下了充分的想象的空间，

　　清陆心源编撰《宋史翼》补续了《宋史》，才把宋慈列入"人物志"。清纪晓岚修纂《四库全书》摘要介绍《洗冤集录》，却对宋慈"始末未详"。直至上世纪八十年代末中国大学历史系的《中国通史》，九十年代末北大出版的《中华文化之光》，也没有宋慈名录。究其原因，有专家说：封建社会更青睐文人的才情和武人的战功，宋朝以前，我国各地衙门就有"仵作"，或叫"行人"。"他们替检验官员充当帮手，抬尸体，涂药酒，报伤痕，接触的是常人避之不及的腐肉、血液、斑迹，一向被统治阶级蔑为'贱役'。宋慈处于宋明理学备受推崇的时代，检验职业的黯淡就似乎'顺理成章'了。"

　　"千古悠悠，有多少冤魂嗟叹。空怅望，人寰无限，丛生哀怨。啼血蝇虫笑苍天，孤帆叠影锁白链。残月升，骤起烈烈风，尽吹散。滂沱雨，无底涧。涉激流，登彼岸。奋力拨云间，消得雾患。社稷安抚臣子心，长驱鬼魅不休战。看斜阳，照大地阡陌，从头转。"这是近年来热播的电视连续剧《大宋提刑官》的主题歌，正是由于这部《大宋提刑官》的推广，宋慈才得以深入人心。

　　这部被称为"大型古装纪实悬疑推理剧"的《大宋提刑官》，是中国 2003 年开始拍摄的一部电视连续剧，共五十二集，主要讲述南宋提刑官宋慈的事迹，参考宋慈著作《洗冤集录》拍摄而成。在电视剧《大宋提刑官》热播之后，不少观众被剧中的宋慈所吸引，并对宋慈的破案推理产生兴趣，社会对《洗冤集录》的关注也越来越多。

　　该剧将宋慈塑造为一位"古代法医学先驱"或"刑侦专家"的形象，剧中的宋慈受任提点刑狱官后，凭着他那一手"检验""推理"的绝妙手段，接连侦破了"太平县冤案"、"李府连环案"、"毛竹坞无名案"、"城南井尸案"、"遗扇嫁祸案"、"梁雨生命案"、"李玉姑失踪案"等一桩又一桩的疑难命案,因此得到"神断宋提刑"的美称。观众在惊叹宋慈断案神奇、公正的同时,也无不在感慨宋慈的《洗冤集录》,不仅是法医学与警察学的开山鼻祖,而且更是洗冤救民的光辉典章。

宋慈作为宋朝伟大的提刑官,伟大的法医而被后世所景仰。如今,宋慈墓坐落在福建省建阳市崇雒乡昌茂村旁。该墓为石砌穹隆形封土堆,坐西北朝东南,面积约一千平方米。由于长年失修,被埋于荒丘野草之中。经宋大仁教授呼吁,1955年组织力量经多方寻找,终于得寻断碑"慈字惠父宋公之墓",地点与道光《建阳县志》所载相符,1957年和1982年县政府拨款对墓地进行全面修整,拓宽墓道,建亭。修缮一新的宋慈陵园占地面积约一千平方米。墓冢保存完整,为石砌园形封土堆,直径约1.9米,高约1.7米,坐西北朝东南。墓前立石碑一方,上书"宋慈惠父之墓"。陵园内处处绿树掩映,一派恬静与盎然景象。中国法医学会学者、专家曾多次到此祭祀宋慈,并立碑为记,碑文曰:"业绩垂千古,洗冤传五洲。"有人又用这样的对联来凭吊宋慈,真是恰如其分:

渴望流芳,未竟一枝,结果鲜花零落;

不求闻达,永存一业,必然绿树成荫。

第九章
杨辉——杰出的数学教育家

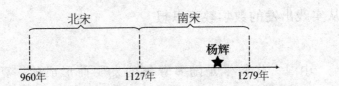

    杨辉是著名的数学家和数学教育家，他是世界上第一个排出丰富的纵横图和讨论其构成规律的数学家，他为初学者制订的"习算纲目"是中国数学教育史上的重要文献。

    杨辉三角：杨辉在《详解九章算法》一书中画了一张表示二项式展开后的系数构成的三角图形，称为"开方做法本源"，现在简称"杨辉三角"。这一研究比欧洲早了近 400 年。

从实践出发的数学教育思想

中国古代数学是随着算筹的发明而形成的。算筹,简称"算"、"筹"、"策"等,也称"筹策",是中国古代用于计算的工具。一般用竹制成,也有用铁制、骨制或象牙制的。用算筹摆成数学进行计算称之为筹算。在珠算发明以前,数学计算都是用算筹来进行,所以"算术"的原义是即指筹算的技术。

与毛算一样,筹算的基础也是加、减、乘、除四则运算。加、减法比较简单,直接通过添上、退下算筹的方法就可以了,也就是摆上两行数字,从左到右逐位相加或相减,和或差置于第三行中。在加减运算的基础之上,乘除运算按照"九九乘法表"来完成。其中除法是作为乘法的逆运算来进行的。由于古代的算筹乘除法都要排列成上、中、下三行来进行运算,所以演算过程相当复杂。

筹算在我国古代用了大约两千年，在生产和科学技术以至人民生活中，都发挥了重大的作用。但是，它的缺点也是十分明显的。首先，在室外拿着一大把算筹进行计算就很不方便；其次，计算数字的位数越多，所需要的面积也就越大，这在无形之中就受到了环境和条件的限制；此外，当计算速度加快的时候，还很容易由于算筹摆弄不正而造成错误。随着社会的发展，计算技术要求越来越高，这就需要算筹也要相应的进行改革，这也是势在必行的。这个改革从中唐以后的商业实用算术开始，经宋、元时代的发展，就出现了大量的计算歌诀，到元末明初珠算的普遍应用，历时七百多年。

在《新唐书》中就记载了这个时期出现的大量著作。由于封建统治阶级对民间数学十分轻视，以致这些著作的绝大部分已经失传。从遗留下来的著作中可以看出，筹算的改革是从筹算的简化开始而不是从工具改革开始的，这个改革最后导致珠算的出现。

一般来说，用算筹计算，效率是很低的。随着生产的发展，商品交换的日益频繁，需要计算的量越来越多，于是算筹有待改进，就是很自然的事情了。宋代，对筹算作了两方面的改进，一是将古代上、中、下三行的算法变为在一个横行里完成，另一方面是引用了大量的运算口诀。这些口诀琅琅上口，使运算步骤得以简化，运算速度有了提高。杨辉就是在这种背景之下，继承并发展了唐、宋数学家以加减代乘除的思想方法，并对乘除算法加以创新，提出了很多乘除运算的简捷算法。为了得心应手，劳动人民便创造出更加先进的计算工具——珠算盘。

中国古代数学源远流长，自汉代起，就形成了以筹算为基础、具有独特风格的初等数学体系，后经魏、晋、南北朝、隋唐以来千余年的积累和发展，在进入两宋以后，中国古代数学开始出现空前繁荣的景象，历史上一批重要的科学家就出现在这一时期，如贾宪、刘益、沈括、秦九韶、李冶和杨辉等。

在古城钱塘（今杭州），有一位少年，他自幼聪明好学，尤其喜爱数学。但由于当时数学书籍很少，这个少年只能零碎地收集一些民间流传着的算题，并反复研究，从中增长知识。

一天，这个少年无意中听说一百多里的郊外有位老秀才，不仅精通算学，而且还珍藏了许多《九章算术》《孙子算经》等古代数学名著，非常高兴，急忙赶去。

老秀才问明来意后，望了望这位少年，不屑地说："小子不去读圣书，要学什么算学?!"

但少年仍苦苦哀求，不肯走。老秀才无奈，于是说："好吧，听着！'直田积八百六十四步，只云阔不及长十二步，问长阔共几何?'（用现在的话来说就是：长方形面积等于864平方步，已知它的宽比长少12步；问长和宽的和是多少步?）你回去慢慢算吧，什么时候算出来，什么时候再来"。说完便往椅子上一靠，闭目养起神来，心里却暗暗发笑："这小子一定犯难了，这道题老朽才刚刚理出点头绪（此题的解法一般要用到二次方程），即使他懂得算学，那一年半载也是算不出来的。"

谁料，正当老秀才闭目思量时，少年说话了："老先生，学生算出来了，长阔共60步。""什么?!"老秀才一听，惊奇地从椅子上跳起来，一把夺过少年演算出来的草稿纸瞪大了眼睛看起来："啊，这小子是从哪里学来的? 居然用这么简单的方法就算出来了。妙哉！老朽不如。"老秀才转过脸来，对少年夸奖道："神算，神算，怠慢了，请问高姓大名？""学生杨辉，字谦光。"少年恭敬地回答。

后来，在老秀才的指导下，杨辉通读了许多古典数学文献，数学知识得到全面、系统地发展。经过不懈的努力，杨辉终于成了我国古代杰出的数学家，并享有数学"宋元第三杰"之誉。

算学制度始于北宋初年，但宋初并不重视算学，至宋神宗元丰年间才开始颁布条例。并于元丰七年（1084年）刻《算经十书》于秘书省。宋哲宗元祐初年的时候，朝廷打算重修算学，但有困难。宋徽宗崇宁三年（1104年）的时候才正式重修算学。

由此可见，到崇宁三年（1104年）的时候，才正式建立算学，即国家培养算学、历法人才的专科学校。当时招收的生员为二百一十人，主要学习各种算法以及历算、三式、天文书等，学业期满，如太学按三舍法"推恩、通仕、登仕、将侍郎"等。到了北宋末年，算学制度颁布了可谓很多，但南宋初年，州、县学皆因战乱而停废，宋高宗绍兴十二年（1142年），宋金和议后，才渐次恢复。

因为时局的缘故，算学的招生生源匮乏，朝廷也是命太史局多次招生，同时要求太史局诸官有缺必须通过秘书省的公试来补，否则一律无效。以上为《宋史》记载的关于南宋数学官方教育发展的情况。事实上，南宋的官学教育是地地道道的"应试教育"，早已彻头彻尾地沦为了科举制度的附庸，教育也并无自主性和独立性可言。我国的古代社会一向重文不重理，南宋王朝又是在战乱中由于人民的坚决抗敌才得以偏安一隅的，所以官方的算学即数学教育远不如北宋。虽然南宋官学时兴时废，但另一方面，私学却得到了兴起。各类蒙学教育和精舍教育相较于北宋则有了更长足的发展。除官学和私学外，南宋的书院教育更是达到了鼎盛时期。这些使得数学在摆脱了科举制度的束缚之后反而有了新的进步。

从另一面来说，唐代中期以后，社会经济得到较大发展，手工业和商业交易都具有相当的规模，因而，人们在生产、生活中需要数学计算的机会，较前大大增加，这种情况迫切要求数学家们为人们提供便于掌握、快捷准确的计算方法。为适应社会对数学的这种需求，中晚唐时期出现了一些实用的算术书籍。但是，这些书籍除了《韩延算术》被宋人误认为《夏侯阳算经》而坎坷流传到现在外，其余都已失传。

《韩延算术》大约编写于 770 年前后，书中介绍了很多乘除捷算法的例子。比如，某数乘以 42 可以化为某数乘以 6，再乘以 7；某数除以 12 可以化为某数除以 2，再除以 6。对于更复杂的问题可同样处理。通过将乘数、除数分解为一位数，可以使运算在一行内实现，简化了运算，提高了速度。杨辉的数学研究与数学教育工作之重点在于改进筹算乘除计算技术，总结各种乘除捷算法，这是由当时的社会状况决定的。杨辉生活在南宋商业发达的苏杭一带，这为进一步发展乘除的算法也提供了条件。

杨辉说："乘除者本钩深致远之法。《指南算法》以'加减'、'九归'、'求一'旁求捷径，学者岂容不晓，宜兼而用之。"在前人的基础上，他提出了"相乘六法"：一曰"单因"，即乘数为一位数的乘法；二曰"重因"，即乘数可分解为两个一位数的乘积的乘法；三曰"身前因"，即乘数末位为一的两位数乘法，比如 $257 \times 21 = 257 \times 20 + 257$，实际上，身前因就是通过乘法分配律将多位数乘法化为一位数乘法和加法来完成。四曰"相乘"，即通常的乘法；五曰"重乘"，就是乘数可分解为两因数的积，作两次相乘；六曰"损乘"，是一种以减代乘法，比如，当乘数为 9、8、7 时，可以 10 倍被乘数中，减去被乘数的一、二、三倍。杨辉还进一步发展了唐宋相传的求一算法，总结出了"乘算加法五术"、"除算减法四术"。求一实际上就是通过倍、折、因将乘除数首位化为一，从而用加减代乘除。杨辉的"乘算加算加法五术"，即"加一位"、"加二位"、"重加"、"加隔位"、"连身加"。乘数为 11 至 19 的，用加一位；乘数为 101 至 199 的，用加二位法；乘数可分为两因数的积，且可用加一或加二时，称为重加；乘数为 101 至 109 时，用隔位加；乘数为 21 至 29、201 至 299 时，用连身加。例如，342×56 的计算，用现代符号写出，便是：$342 \times 56 = 342 \times 112 \div 2 = (34200 + 342 \times 12) \div 2 = (34200 + 3420 + 342 \times 2) \div 2$。其"除算减法四术"即"减一位"、"减二位"、"重减"、"减隔位"，用法与乘算加法类似。

北宋初年出现的一种除法——增成法，在杨辉那里得到进一步的完善。增成法的优点在于用加倍补数的办法避免了试商，但对于位数较多的被除数，运算比较繁复，后人改进了它，总结出了"九归古括"，包含 44 句口诀。杨辉在其《乘除通变算宝》中引《九归新括》口诀三十二句，分为"归数求成十"、"归数自上加"、"半而为五计"三类。

客观上讲，杨辉不遗余力改进计算技术，大大加快了运算工具改革的步伐。随着筹算歌诀的盛行，运算速度大大加快，以至人们感觉到摆弄算筹跟不上口诀。在这样的背景下，算盘便应运而生了，及至元末，已经广为流行。

　　杨辉非常重视数学的普及及教育工作，他主张在数学教育中要贯彻"须责实有"的教育思想。所谓"须责实有"就数学教育的教材内容必须和社会生产、生活实践相结合，所提出的问题必须来自于生产和生活实际。因为普通大众在生活和生产实际中对于数学的需求越来越多，这才使是杨辉对于数学的钻研更多侧重于实用算术方面，尤其是对于筹算乘除算法的简便运用上更是花费了大量的心思和精力。

　　例如，在杨辉的著作《乘除通变本末》三卷中，几乎每一道题都是跟生活中的经济、纳税、农业、商务等有关系。

　　细物一十二斤半，税一。今有二千七百四十六斤，问税几何。

　　粟二千七百四十六石，给一千一百一十一人，问各几何。

　　在纳头子钱一十九贯一百五十二文，问本税钱若干。

　　二百三十八亩，每亩收粟二石七斗，问共几何。

　　绢一万三千一百五十二尺，问为绢几匹。

　　直田长九十步，阔七十步，问积步。

　　木炭七千五十六斤，各支百四十七斤，问人数。

　　开渠积六千八百三十七尺，共用一百五十九工，问一工取土多少。

　　另外，在《田亩比类乘除捷法》中所涉及到的几何图形名称无不是取自于生活实际当中。如："直田、方田、圆田、圭田、梯田、牛角田、萧田、墙田"等。这些名称对应着我们现代的几何图形分别为"长方形、正方形、圆形、圆环形、三角形梯形，不规则四边形，倒梯形、半梯形"等。另还有诸如"腰鼓田、鼓田"等。在书中，杨辉还多五次提到"台州量田图"的问题：

台州量田图，有牛角田，用弧矢四法。

台州黄岩县围量田图，有梭田样，即二圭田相并，今立小题验之。

台州量田图，有曲尺田，内曲十二步，外曲二十六步，两头各广七步，问田几何。

台州量田园，有箭翎田，中长八步，东西两畔各长四步，阔一十二步，问田几何。

可见，杨辉对台州非常熟悉，他编入自己书中的这些题目无一不是来自于他工作和生活的实际，如果没有丰富的第一手资料，他很难详尽地叙述并运用这些数据，这种与实际紧密结合，进行数学研究和数学教学的方法，是杨辉数学教育思想的主要特点，也是中国古代数学家们的优良传统之一。为了使数学知识能为普通百姓所理解和掌握，杨辉在编写数学教材的时候，常常把很多深奥的内容用最便于群众的"歌诀"方式表达出来。这恰恰也是中国古代民间数学的特色之一。如"求一乘法"和"求一除法"歌诀：

求一乘法：五六七八九，倍之数不走；

二三须当半，遇四两折纽；

倍折本从法，实即反其有；

用本以代乘，斯数足可守。

求一除法：五六七八九，倍之数不走；

二三须当半，遇四两折纽；

倍折本从法，为除积相就；

用减以代除，定位求如旧。

这样的歌诀就是普通百姓生活中最常见的歌谣，通俗易懂，押韵顺口。这对于人们学习数学的帮助是显而易见的了。杨辉就是用这样的方式培养人们对于数学的学习兴趣。杨辉的数学并不倾向于高深的理论研究，更多都是粗浅的侧重于基础知识的实用数学。数学来自日常生活，又为日常生活服务，这样杨辉的数学在民间便得到了更加广泛的流传和普及。

在教学方法上，杨辉主张循序渐进，精讲多练。先熟练习题的运算，之后再总结算理、算法。《乘除通变本末》一书中，开篇便列有"习算纲目"，可以说是中国数学教育史上最早的一份数学教育教学大纲。这份数学大纲包括了学习进度、学习内容、学习方法、学习材料以及一些学习重点、难点的提示等。

在"习算纲目"中，杨辉非常强调对习题的熟练运算，练习的时间一般都要比正课多好几倍的时间，有的甚至几十倍，"习算纲目"通篇体现了杨辉由易到难、由浅入深、循序渐进的数学思想以及先熟练运算再明算理的数学主张。

第一阶段，先学"九九合数"，即九九乘法表。"一一得一，至九九八十一"，随后安排学习的内容和进度。学习"相乘"，讲课一日，温习五日；"商除"讲课一日，但温习半个月。以上二种方法，都是从一位数到六位以上数的运算。

第二阶段，学习有关乘除的替代算法。学加法起例并定位，功课一日，温习三日；学减法起便并定位，功课一日，用五日温习等。除了计算法之外，杨辉还指出在熟练运算之后，一定要知道算理的重要性。

第四阶段，就学习"通分"和"开方"了。通常人们认为"通分"很麻烦，但杨辉却要求学生不要认为有什么可麻烦的，认真学一下就好了。他将这些复杂的数学知识化简，化难为易，在编教材时充分考虑学生的心理和知识发展水平，尽量使深奥的数学知识变得更加直观、通俗，使之更容易推广、普及。这种利用社会生活中的课程资源进行是便于普通读者接受，也便于发挥社会效益，同时也便于学生能力的培养。

然后学习"开方"。"开方"是数学中用途很广泛的一部分知识，而且其本身就有七部分知识，即"开平方、开立方、开平圆、开立圆、开分子方、开三乘以上方和带从开方"。所以学习起来自然就要多花些时日，边学边研究，在学习方法上，杨辉提倡熟读精思，融汇贯通；提倡对知识的理解，反对死记硬背，直到能做到融会贯通，活学活用的程度为止。

最后一个阶段，就是要学习传统的《九章算术》了。经过前面几个阶段的基础知识训练之后，在熟练掌握各种算法的基础之上再来学《九章算术》难度就不大了。

在教学方面，杨辉认为，教师编书或讲课时，应该用算法统帅习题。要说明一种算法，都要先设置一种数学问题。每种算法都要有相应的数学题目来验证和练习。在要求学生进行大量的习题训练的同时，杨辉还强调要精选例题，并且在讲清楚算法的来龙去脉之后，启发、引导之中要触类旁通，并提高学习上的自觉性和主动性。可见，杨辉对于学习数学理论知识和运用练习题来理解并加以巩固，这两者之间的重要关系有着很深刻的认识。

杨辉一生治学严谨，教学一丝不苟，他的这些教育思考和方法，至今也有很重要的参考价值。

伟大经典的数学著述

杨辉曾做过地方官，足迹遍及钱塘、台州（今浙江临海）、苏州等地。与他同时代的陈几先称赞他为人儒雅谦和、公正廉洁。杨辉特别注意社会上有关数学的问题，多年从事数学研究和教学工作，是东南一带有名的数学家和数学教育家。他走到哪里都有人请教数学问题。从 1261 年到 1275 年的十五年中，他先后完成数学著作五种二十一卷，即《详解九章算法》十二卷，《日用算法》二卷，《乘除通变本末》三卷，《田亩比类乘除捷法》二卷和《续古摘奇算法》二卷（其中《详解》和《日用算法》已非完书），后三种合称为《杨辉算法》。

有一次，杨辉得到一本《黄帝九章算法细草》，这是北宋数学家贾宪写的。这里面有不少了不起的成就，如贾宪描画了一张图，叫作"开方作法本源图"。

杨辉继承中国古代数学传统，他广征博引数学典籍，引用了现已失传的宋代的许多算术，比如刘益的"正负开方术"，贾宪的"开方作法本源图"、"增乘开方法"，幸得杨辉引用，否则，今天将不复为我们知晓。他先后完成数学著作五种二十一卷，即《详解九章算法》十二卷（1261 年），《日用算法》二卷（1262年），《乘除通变本末》三卷（1274 年），其中《乘除通变本末》三卷，上卷叫《算法通变本末》，中卷叫《乘除通变算宝》，下卷叫《法算取用本末》，下卷是与史仲荣合撰的。

另一方面，他在宋度宗咸淳年间的两本著作里，亦有提及当时南宋的土地价格。这些资料对后世史学家了解南宋经济发展有很重要的帮助。杨辉在著作中收录了不少现已失传的、古代各类数学著作中很有价值的算题和算法，保存了许多十分宝贵的宋代数学史料。他对任意高次幂的开方计算、二项展开式、高次方程的求解、高阶等差级数、纵横图等问题，都有精到的研究。杨辉十分留心数学教育，并在自己的实践中贯彻其教育思想。

杨辉更对于垛积问题（高阶等差级数）及幻方作过详细的研究。由于他在他的著作里提及过贾宪对二项展开式的研究，所以"贾宪三角"又名"杨辉三角"。这比欧洲于 17 世纪的同类型的研究"帕斯卡三角形"早了差不多五百年。

杨辉在《详解九章算法》一书中还画了一张表示二项式展开后的系数构成的三角图形，称做"开方做法本源"，现在简称为"杨辉三角"。

杨辉三角是一个由数字排列成的三角形数表，简单来说就是两个未知数和的幂次方运算后的系数问题，比如 $(x+y)^2$ 等于 $x^2 + 2xy + y^2$，这样系数就是 1、2、1，这就是杨辉三角的其中一行，立方，四次方，运算的结果看看各项的系数。

杨辉三角与我们现在的学习联系最紧密的是 2 项式乘方展开式的系数规律。如图，在杨辉三角中，第 3 行的第三个数恰好对应着两数和的平方公式，依次下去杨辉三角是一个由数字排列成的三角形数表，一般形式如下：

$$
\begin{array}{ccccccccc}
& & & & 1 & & & & \\
& & & 1 & & 1 & & & \\
& & 1 & & 2 & & 1 & & \\
& 1 & & 3 & & 3 & & 1 & \\
1 & & 4 & & 6 & & 4 & & 1 \\
\end{array}
$$

$$
\begin{array}{ccccccccccc}
1 & 5 & 10 & 10 & 5 & 1 \\
1 & 6 & 15 & 20 & 15 & 6 & 1 \\
1 & 7 & 21 & 35 & 35 & 21 & 7 & 1 \\
1 & 8 & 28 & 56 & 70 & 56 & 28 & 8 & 1 \\
\end{array}
$$

杨辉三角最本质的特征是，它的两条斜边都是由数字 1 组成的，而其余的数则是等于它肩上的两个数之和。

为普及日常所用的数学知识，杨辉专门写了《日用算法》一书，并提出务必要从实践出发的原则。书中的题目全部取自社会生活，多为简单的商业问题，也有土地丈量、建筑和手工业问题。这种应用数学是便于普通读者接受，也便于发挥社会效益的。这本《日用算法》，可惜早已失传，仅有几个题目留传了下来。从《算法杂录》所引杨辉自序可知该书内容梗概："以乘除加减为法，秤斗尺田为问，编诗括十三首，立图草六十六问。用法必载源流，命题须责实有，分上下卷。"该书无疑是一本通俗的实用算书。

《乘除通变本末》三卷，皆各有题，在总结民间对等算乘除法的改进上作出了重大贡献。上卷叫《算法通变本末》，首先提出"习算纲目"，是数学教育史的重要文献，又论乘除算法；中卷叫《乘除通变算宝》，论以加减代乘除、求一、九归诸术；下卷叫《法算取用本末》，是对中卷的注解。

杨辉在台州任知府的时候，有一年春天，杨辉想出外巡游、踏青，一路上，迷人的芳香的气息扑鼻而来，杜鹃隐藏在果树的枝头，用它那圆润、甜蜜、动人心弦的鸣啭来唤醒春天的生机，成群的画眉鸟像迎亲似的蹲在树的枝丫上，发出婉丽的啼声。楝树、花梨树和栗树都仿佛被自身的芬芳熏醉了。杨辉撩起轿帘，看那杂花生树，飞鸟穿林，真乃春色怡人淡复浓，唤侣黄鹂弄晓风。更是一年好景，旖旎风光。

走着、走着，只见开道的镗锣停了下来，前面传来孩童的大声喊叫声，接着是衙役恶狠狠的训斥声。杨辉忙问怎么回事，差人来报："孩童不让过，说等他把题目算完后才让走，要不就绕道。"

杨辉一看来了兴趣，连忙下轿抬步，来到前面。衙役急忙说："是不是把这孩童哄走？"杨辉摸着孩童头说："为何不让本官从此处经过？"孩童答道："不是不让经过，我是怕你们把我的算式踩掉，我又想不起来了。"

"什么算式？"

"就是把一到九的数字分三行排列，不论直着加，横着加，还是斜着加，结果都是等于十五。我们先生让下午一定要把这道题做好。我正算到关键之处呢。"孩童一脸天真地说。

杨辉连忙蹲下身，仔细地看那孩童的算式，觉得这个数字好像从哪见过，仔细一想，原来是西汉学者戴德编纂的《大戴礼》书中所写的文章中提及的。杨辉和孩童两人连忙一起算了起来，直到天已过午，俩人才舒了一口气，结果出来了，他们又验算了一下，觉得结果全是十五，这才站了起来。

孩童望着这位慈祥和善的地方官说："耽搁你的时间了。"杨辉一听，说："我想见一见你的先生，你看如何？"

孩童望着杨辉，泪眼汪汪，杨辉心想，这里肯定有什么蹊跷，温和地问道："到底是怎么回事？"孩童这才一五一十把原因道出：原来这孩童并未上学，家中穷得连饭都吃不饱，哪有钱读书。而这孩童给地主家放牛，每到学生上学时，他就偷偷地躲在学生的窗下偷听，今天上午先生出了这道题，这孩童用心自学，终于把它解决了。

杨辉听到此，感动万分，一个小小的孩童，竟有这番苦心，实在不易。便对孩童说："这是十两银子，你拿回家去吧。你领我去学堂，好吧？"

孩童就带着杨辉找到了先生，杨辉把这孩童的情况向先生说了一遍，又掏出银两，给孩童补了名额，孩童感激不尽。自此，这孩童方才有了真正的先生。

教书先生对杨辉的清廉为人非常敬佩，于是俩人谈论起数学。杨辉说道："方才我和孩童做的那道题好像是《大戴礼》书中的?"先生笑着说："是啊,《大戴礼》虽然是一部记载各种礼仪制度的文集,但其中也包含着一定的数学知识。方才你说的题目,就是我给孩子们出的数学游戏题。"

教书先生看到杨辉疑惑的神情,又说道："南北朝的甄鸾在《数术记遗》一书中就写过:'九宫者,二四为肩,六八为足,左七右三,戴九履一,五居中央。'"

杨辉默念一遍,发现他说的正与上午他和孩童摆的数字一样,便问道:"你可知道这个九宫图是如何造出来的?"教书先生也不知出处。杨辉回到家中,反复琢磨,一有空闲就在桌上摆弄着这些数字,终于发现一条规律。

他把这条规律总结成四句话:九子斜排,上下对易,左右相更,四维挺出。就是说:一开始将九个数字从大到小斜排三行,然后将 9 和 1 对换,左边 7 和右边 3 对换,最后将位于四角的 4、2、6、8 分别向外移动,排成纵横三行,就构成了九宫图。如图:

后来,杨辉又将散见于前人著作和流传于民间的有关这类问题加以整理,得到了"五五图"、"六六图"、"衍数图"、"易数图"、"九九图"、"百子图"

4	9	2
3	5	7
8	1	6

等许多类似的图,杨辉把这些图总称为纵横图,于 1275 年写进自己的数学著作《续古摘奇算法》一书中,并流传后世。

纵横图最早起源于中国,通常人们知道最早的幻方就是我国著名的"九宫图",早在汉郑玄《易纬注》及《数术记遗》中都记载有"九宫"即三阶幻方,千百年来一直被人披上了神秘的色彩。

幻方的幻在于无论取哪一条路线,最后得到的和或积都是完全相同的。关于幻方的起源，中国有"河图"和"洛书"之说。相传在远古时期，伏羲氏取得天下，把国家治理得井井有条，感动了上天，于是黄河中跃出一匹龙马，背上驮着一张图，作为礼物献给他，这就是"河图"，也是最早的幻方。又传洛水河中浮出一只神龟，龟背上有一张象征吉祥的图案称为"洛书"。他们发现，这个图案每一列，每一行及对角线，加起来的数字和都是一样的，这就是我们现在所称的幻方。也有人认为"洛书"是外星人遗物；而"河图"则是描述了宇宙生物（包括外星人）的基因排序规则，幻方是外星人向地球人的自我介绍。

另外前几年在上海浦东陆家嘴地区出土了一块元朝时代伊斯兰教信徒所挂的玉挂，玉挂的正面写着："万物非主，惟有真宰。"伏羲氏凭借着"河图"而演绎出了八卦，后来大禹治洪水时，洛水中浮出一只大乌龟，它的背上有图有字，人们称之为"洛书"。"洛书"所画的图中共有黑、白圆圈四十五个。把这些连在一起的小圆和数目表示出来，得到九个。这九个数就可以组成一个纵横图，人们把由九个数三行三列的幻方称为三阶幻方，除此之外，还有四阶、五阶……

幻方最早记载于中国前五百年的春秋时期《大戴礼》中，这说明中国人民早在二千五百年前就已经知道了幻方的排列规律。而在国外，130 年，希腊人塞翁才第一次提起幻方。中国不仅拥有幻方的发明权，而且是对幻方进行深入研究的国家。

13 世纪的数学家杨辉已经编制出三至十阶幻方，记载在他1275 年写的《续古摘厅算法》一书中。在欧洲，直到 1514 年，德国著名画家丢勒才绘制出了完整的四阶幻方。

在国外，十二世纪的阿拉伯文献也有六阶幻方的记载，中国的考古学家们曾经在西安发现了阿拉伯文献上的五块六阶幻方，除了这些以外，历史上最早的四阶幻方是在印度发现的，那是一个完全幻方（后面会提到），而且比中国的杨辉还要早了两百多年，印度人认为那是天神的手笔。1956年西安出土一铁片板上所刻的六阶幻方（古阿拉伯数字）。13世纪，东罗马帝国才对幻方产生兴趣，但却没有什么成果。直到十五世纪，住在君士坦丁堡的魔索普拉才把中国的纵横图传给了欧洲人，欧洲人认为幻方可以镇压妖魔，所以把它作为护身符。

《续古摘奇算法》上卷首先列出20个纵横图，即幻方。其中第一个为河图，第二个为洛书，其次，四行、五行、六行、七行、八行幻方各两个，九行、十行幻方各一个，最后有聚五、聚六、聚八、攒九、八阵、连环等图。有一些图有文字说明，但每一个图都有构造方法，使图中各自然数"多寡相资，邻壁相兼"凑成相等的和数。

杨辉利用数学方法寻找规律，巧妙地构造出许多别具风格的幻方来，杨辉构造的九宫图，方法简单又巧妙。杨辉在构造了三、四阶幻方的基础上，继续对幻方进行系统研究，陆续地构造出五阶、六阶、七阶、八阶、九阶、十阶幻方。此外，他还突破了幻方为正方形的限制，将它扩大到不同的形状。

杨辉对幻方的研究和推广，大大丰富了这种数字游戏的内容，杨辉的纵横图对后世也深有影响，明代程大位、清代方中通、张潮、保其寿等，都曾在此基础上进一步研究纵横图。直到今天，在国际上一些科学家利用幻方这种变化无穷的特点，把它作为智力测验的工具和智力玩具，提高了它在训练人们机智方面的层次。对幻方的深入研究也为人们带来了新的启示，将幻方中的自然数换成一般的物体，也对它们按一定规则进行安排，并进一步讨论这种安排的存在性问题、计数问题、构造问题和优化问题，就构成了今天的数学分支——组合数学的主要内容。古老的幻方作为历史上最早的组合机构，开创了组合数学的先河，显示了中华民族的聪明才智，近代它还被现在计算机程序设计、人工智能等许多方面都有着广泛的应用。

过去，幻方仅作为一种游戏，近代已经发现，幻方在哲学、美学、美术设计、计算机程序设计、图论、人工智能、对策论、组合分析等方面有广泛的应用。幻方可以应用于哲学思想的研究。在数学中，幻方蕴涵的哲理思想是最为丰富的。《易经》是一本哲学书，它几乎影响了国内外的各种哲学思想。而易学家们通过多方面的研究发现，易学来源于河图洛书，而洛书就是三阶幻方。幻方的布局规律、构造原理蕴涵着天地万物的生存结构，是说明宇宙产生和发展的数学模型。

幻方也可以应用于美术设计。数学是美的，幻方更美。幻方是数学按着一种规律布局的一种体系，每个幻方不仅是一个智力游戏，而且还是一个艺术佳品，都以整齐划一、均衡对称、和谐统一特殊性，迸发出耀人的光辉。幻方可大量应用于美术设计，西方建筑学家勃拉东发现幻方的对称性相当丰富，并采用幻方组成许多美丽的图案，他把图案中的那些方阵内的线条称为"魔线"，应用于轻工业品、封面包装设计中，德国著名画家和数学家丢勒的作品《忧郁》中，因有一个能指明制作年代的幻方而闻名于世。艺术美与理性美的和谐组合，往往成为流芳千古的佳作。但长期以来，人们习惯于把它当做纯粹的数学游戏，并没有给予应有的重视。随着近代组合数学的发展，纵横图显示了越来越强大的生命力，在图论、组合分析、对策论、计算机科学领域中都找到了用武之地。杨辉研究出三阶幻方（也叫洛书或九宫图）的构造方法后，又系统的研究了四阶幻方至十阶幻方。在这几种幻方中，杨辉只给出了三阶、四阶幻方构造方法的说明，四阶以上幻方，杨辉只画出图形而未留下作法。但他所画的五阶、六阶乃至十阶幻方全都准确无误，可见他已经掌握了高阶幻方的构成规律。

杨辉的另一重要成果是垛积术。这是杨辉继沈括"隙积术"之后，关于高阶等差级数求和的研究。在《详解九章算法》和《算法通变本末》中记叙了若干十二阶等差级数求和公式。

杨辉数学著作的特点是深入浅出、图文并茂，很适于教学，而且有不少创新。另外，杨辉的书中不仅记录了一些古代有价值的数学成果，杨辉在《详解九章算术》的基础上，专门增加了一卷"纂类"。"纂类"中杨辉提出"因法推类"的原则。正如郁松年所说，《纂类》以"算法为纲"，"以类相从"。这种思想与《九章算术》相比是一个进步，因为《九章算术》的分类标准并不一致，有的按用途分，有的按算法分。杨辉则突破了原书的分类格局，按算法的不同，将书中所有题目分为乘除、互换、合率、分率、衰分、叠积、盈不足、方程、勾股九类。

每一大类中，由总的算法演绎出不同的具体方法，并给出相应的习题。例如，"方程"类便依次给出方程、损益、分子、正负四法，"方程法曰：所求率互乘邻行，以少减多，再求减损，钱为实，物为法，实如法而一。"这是解线性方程组的基本方法，此法后的十一个题全是基本类型，可直接列出最简方程组。"损益"指的是移项及合并同类项，分子术指去分母的方法，正负术指方程变换时所用的正负数运算法则，各法后分别列有相应的具体题目。这种作法体现了由干生枝的演绎思想，方程法是干，损益、分子、正负三法是枝。再如"勾股类"，共设 38 问，分别置于 21 种方法之后，而第一种方法——勾股求弦法（即"勾股各自乘，并而开方除之"）是后面各法的基础，这种顺序也体现了演绎思想。

杨辉不仅总结了当时的各种数学知识，还批评了以往数学著作中的一些错误，这种作法在杨辉以前的算书中很少见。例如，他在《田亩比类乘除捷法》一书中便批评了《五曹算经》中的三个错误，一是在田亩计算中用方五斜七之法（即把正方形边长与对角线之比取作5：7），二是题问概念不清，三是四不等田求法之误。

杨辉数学的历史地位及影响

杨辉的数学著作不仅广泛征引古代数学典籍，更重要的是保留了部分极其宝贵的数学史料。杨辉在中国古代数学史上占有的地位已经不言而喻。他和秦九韶、李治、朱世杰并称"宋元数学四大家"。杨辉和秦九韶同在南方发展数学，但二人的数学成就却各自开花，李治作为北方数学的代表，使天元术得到了更进一步的发展，朱世杰连同了南北数学，秉承了北方数学的优秀，更继承了杨辉的实用数学，为元代以及明代的实用数学奠定了基础。

《九章算术》作为中国古代的经典数学，历来有多种的版本，传到杨辉时期，可能在体系和内容的编排上有了跟不上时代的地方。比如说有些内容过于深奥，体例的安排有些混乱，对于初学者和普通民众的学习和研究就有了很大的难处。于是，杨辉根据自己的学识对经典的《九章算术》的体例安排进行改革、对内容进行大胆调整。并且在复杂和枯燥的数学基础之上，亲自绘图，作了一整卷的绘图解说（在流传过程中丢失了，我们现代人无法亲睹其绘图风采），使得深奥莫测的经典《九章算术》不再远离人民生活。于是便有了我们现代人所能看到和研究的《详解九章算术》。在这部著作里，我们不仅能看到杨辉以经典的剖析和解读，还能大胆提出自己独到的见解和解题方法，展现了杨辉高超的数学才能。更为重要的是，杨辉继承了北宋数学家们的数学成就，在自己的著作中引用并标明出处，使得我们后人在研究中国古代数学史时能够不断代，而且为领先世界的数学成就找到了史实依据，让我们不得不惊叹和折服我们古代先人们光辉的数学研究。

为了使数学更好地服务于生产实践，杨辉还亲自编写更简单易学的数学基础教材——七卷本《杨辉算法》。在这些著作里，杨辉更是发挥了自己的数学才能，不仅对于数学知识能够做到深入浅出，还能把深奥的数学理论编成为普通民众所乐于学习和背诵的歌诀。不仅如此，杨辉《乘除通变本末》开篇的"教学大纲"更是开创了古代数学教育无大纲作指引的先河，成为数学史上不可多得的宝贵财富。

杨辉对《九章算术》的整理，对唐宋以来乘除法简便运算的发展，以及纵横图的研究等，无不对后世元、明、清的数学，甚至是周边朝鲜、日本以及阿拉伯的数学都产生了深远的影响。

朝鲜半岛与中国山水相连，交通便利，自古便与中国来往不断。中国的制度、礼乐、文化以及天文历算等源源不断地传入朝鲜。从三国时代开始，朝鲜就一直采用中国的历法，官方使用汉字作为书面语言，并且学校的数学教育沿用的也是中国算书。

从 935 年王氏高丽王朝到 1392 年开始的李氏朝鲜王朝，中国经历了宋、辽、金、元、明大约四百年间的历史，此期间中朝两国和平相处。宋元明各代对于探购书籍以及往返通商都有限制，但对朝鲜则特别例外。因此中国大部分数学典籍著作均传入朝鲜。明代失传的天元术，在朝鲜保存了下来。明初勤德书堂在 1378 年冬至刊印过的《杨辉算法》，中国已经失传，但朝鲜仍留有刊本。

《乘除通变本末》三卷、《田亩比类乘除捷法》二卷、《续古摘奇算法》二卷共七卷，总称《杨辉算法》。此书何时传入朝鲜，并未有一个确切的时间。但在李氏朝鲜期间，在 1431 年，明初的洪武《杨辉算法》刊本则被列为官方使用的教科书，和《详明算法》《算学启蒙》等书一起被指定为官方科举考试取用人才的指定算书。在《杨辉算法》被确定为官方数学书之后，李氏世宗又命人重新刊印了此书。即 1433 年根据洪武本所刊印的重刊本。此次重新刊印期间，参与刊印的人员达几十人之多，这一方面说明李氏王朝对此次刊印算书的重视，另一方面也说明当时社会对《杨辉算法》的需求迫切。

十七世纪之前，朝鲜一直沿用中国算书，并没有自己本国的算学著作。直到十七世纪中期，朝鲜才开始本国自著数学著作，并出现了一大批优秀的数学家，使得朝鲜本国的数学进入了迅速的发展时期。在此期间，《杨辉算法》一直是作为朝鲜国家考试的指定用书，所以学习此书的朝鲜人员数量便相当庞大，流传广，普及面大。尤其是从事数学的朝鲜数学家们更是对《杨辉算法》进行了深入研究，并在自己的著作中大量引用杨辉的数学成就。

十七世纪到十八世纪是朝鲜数学兴起和发展的重要时期，在这一时期，不仅是朝鲜数学家们对《杨辉算法》进行研究和探讨，普通的知识分子也在学习。因此，《杨辉算法》对朝鲜数学人才的培养、数学知识的传播和普及以及数学的研究和著述等方面无疑是起到了巨大的作用。

明代前期，在中日对外贸易中，中国的文化典籍等也被输入日本。十七世纪后期以来，随日本数学家引进、吸收中国算学工作的深化，其工作重点已经从研究明代数学转向了研究宋代数学为主，在传入日本的宋元数学著作中，《算学启蒙》和《杨辉算法》是其中流传最广、影响最大的两部著作，它们对日本数学的高度发展起到了重要的奠基作用。

最早研究《杨辉算法》的是被称为"日本算圣"的数学史家关孝和。关孝和抄写并订正了由朝鲜传入日本的朝鲜覆刻本《杨辉算法》，所以《杨辉算法》对关孝和的数学工作产生了很大的影响。《杨辉算法》中的解高次方程的方法、求同余式组的解法、重差术及纵横图等，无不影响着关孝和以及其弟子对数学的研究工作。其著作《大成算法》中更是多次引用《杨辉算法》的内容。

另外，关孝和对纵横图的研究也是师承杨辉，并有著作《方阵之法·圆攒之法》。在书中附图多幅，三附至十阶俱全，分别称为三方阵、四方阵……十方阵，除三方阵与洛书图相同外，其余图形均为自己独立创新。

　　作为一个数学家，杨辉在实用算术和高等数学以及几何学等方面都做出了巨大的贡献；作为一个数学教育家，杨辉为数学的普及及实用尽心尽力。虽然杨辉本人的生活境况并未留下更多的文字记载，使们后人对于这样一位伟大的数学家及数学教育家少了很多的了解，但杨辉的数学成就还是通过他的数学著作保存和流传了下来。尽管在流传的过程中，散失了部分，然而我们依然可以通过保留下来的作品窥见杨辉的伟大。

　　杨辉生活在南宋末期，社会的动荡，封建体制的弊端，都对杨辉本人为数学的发展和推广造成了困难和缺憾，甚至说是不足，但这些历史造成的局限掩盖不了杨辉作为一个中国古代数学巅峰时代——宋元时期的代表人物的伟大和光辉。

第十章

秦九韶——中世纪数学泰斗

秦九韶是著名数学家，他精研星象、音律、算术、诗词、弓剑、营造之学，被誉为"他那个民族，他那个时代，并且确实也是所有时代最伟大的数学家之一"。

秦九韶所提出的大衍求一术和正负开方术及其名著《数书九章》，是中国数学史、乃至世界数学史上光彩夺目的一页，对后世数学发展产生了广泛的影响。

好学通才遍访名师

位于"天府之国"四川的东部的安岳县属于四川盆地丘陵地区。连绵不断的小山丘与平地，绿茵茵的稻田、麦地和郁郁葱葱的林木，把安岳装扮得色彩缤纷、艳丽迷人。1208 年，秦九韶就出生在这个山清水秀的地方。

秦九韶的父亲名叫秦季槱（yǒu），字宏父，秦季槱在宋光宗绍熙四年（1193 年）与陈亮（1143—1194）、程璐（1164—1242）一起参加科举考试，成为同榜进士。后任巴州（今四川巴中）太守。嘉定十二年（1219 年）三月，兴元（今陕西汉中）军士张福、莫简等发动兵变，入川后攻取利州（今广元）、阆州（今阆中）、果州（今南充）、遂宁（今遂宁）、普州（今安岳）等地。在哗变军队进占巴州时，秦季槱弃城逃走，携全家辗转抵达南宋都城临安（今杭州）。

这一年，秦九韶十八岁。秦九韶生性敏慧，勤奋好学，随父亲入京都后，京都的繁华与文化气息让他开阔了视野，增长了见识，他处处留心，好学不倦。秦季槱回朝廷相继做了工部郎中和秘书少监，工部郎中掌管营建，而秘书省则掌管图书，其下属机构设有太史局，这给秦九韶提供了良好的学习环境。秦九韶充利用父亲掌管天下城郭、宫室、舟车、器械、符印、钱币、山泽、苑囿、河渠之政、营造工程、皇家古今经籍图书、国史实录、天文历数之事等有利条件和机会，集中精力，向太史局的吴泽、靳大声、杨忠辅、刘孝荣等有学识的太史、官吏、学者学习，并有机会阅读了大量的典籍，使之成为博学多能的青年学者。此外，他还拜访了天文历法和建筑等方面的专家，请教天文历法和土木工程问题，甚至可以深入工地，了解施工情况。

秦季槱出生在书香门第，同事赋诗赞誉他"岷蜀儒英，蓬瀛人物"，自然学养深厚。三位同庚（同生于淳熙五年，即1178年）、同年登进士甲科的挚友许奕、魏了翁、真德秀，敢于直面朝廷腐败，不仅敢于抨击史弥远、贾似道等奸臣，是主战抗击外来入侵的忠臣，而且个个学识渊博，同属儒雅之士。秦季槱比许奕、真德秀、魏了翁早六年入士及第，论年龄为长。他们四人同时立朝，政治倾向相同，都为忠臣良相，有着特殊的关系，还是秦九韶的长者，秦季槱恭请挚友做秦九韶的老师，督促秦九韶虚心向他们学习渊博精深的知识，三位长者对秦九韶的关心、呵护自然是不言而喻。

魏了翁官至学士，是南宋著名学者，文章、功业彪炳当世，且与秦九韶少年时的天赋、性格都极其相似，魏了翁自然是喜欢和器重秦九韶，愿意做他的良师益友。聪慧好学的秦九韶，不仅潜心向真德秀、魏了翁、许奕学习诗词、天文、祭祀、历法等知识，还十分崇敬他们的刚直不阿的道德情操。

叶适是南宋著名的思想家、文学家、政论家。他重视实践，崇尚唯物主义观点，在哲学最根本的问题上，明确地认为客观世界是物质的统一体，他肯定人的知识来源于客观世界，并认为只有详细考察周围的客观事物才能获得正确的认识。同时，他的散文写得也非常好，自成一家。秦九韶虚心向叶适学习文学、哲学、政论。尤其是叶适提倡对实际进行考察的思想对秦九韶起到了极大的影响。

杨简，历任秘书郎，为人博学多才、廉俭自持，晚年曾设馆讲学，秦九韶还虚心向杨简学习诗词、历法和哲学思想。尤其是对杨简提出的"心即是道，宇宙的变化即人心的变化过程，以明心为修养之本"等哲学思想体悟很深。

李刘是宋代有名的文人，位居中书舍人。他才高学博，以写骈体文著名。他治事果断，措施得当，幕僚无不叹服。秦九韶拜李刘为师，学习骈俪、诗词、游戏、毬马、弓箭，后来李刘与秦九韶成为好朋友，经常来往。

吴潜，安徽宁国（今属宣州）人。宋宁宗嘉定十年（1217年）考中进士第一名，曾两度为相。他学识渊博，任职繁多，忠正睿智，忧国忧民，政绩卓然，是南宋著名的政治家、军事家、词坛领军人物。吴潜早年和弟弟丧母，受到父亲和继母的良好教育，有较深厚的学养底蕴，奠定了状元及第和两度入相的基础。吴潜深知秦九韶自幼性极技巧，聪明好学，求知若渴，虽说秦九韶只比吴潜小十二岁，属于吴潜的晚辈之列，但吴潜很愿意做秦九韶的老师。淳佑三年六月，吴潜回湖州丁母忧，秦九韶与被夺官的吴潜交往更是密切。

秦九韶的数学启蒙教师是"隐君子"陈元靓。绍定三年之前，陈元靓已经有"隐君子"之称，他看的书极多，尤其是新书，对数学很有研究，到过文化发达的城市，居处距临安不远，去临安不是很困难。秦九韶慕名前来拜师，得到陈元靓的赏识并收留下做弟子。陈元靓是道学家，对秦九韶的思想产生了重大的影响。秦九韶认为"数与道非二本"的"道"就是通过"隐君子"陈元靓学来的。

应该说，秦九韶随父亲在临安期间的数年间，已经把全部精力用在了学习上。正是通过这一阶段的学习，秦九韶成为一位学识渊博、多才多艺的青年学者，时人说他"性极机巧，星象、音律、算术，以至营造等事，无不精究"，"游戏、毬、马、弓、剑，莫不能知"。

1225 年，秦九韶随父亲至四川潼川，担任过一段时间的县尉。四川有着丰富的石料，普遍用于石拱桥、石坝、石堰、房屋等建造。最早可以追朔到前 256 年，秦蜀郡太守李冰父子主持修建了举世闻名的都江堰和成都市的"七星桥"（实指成都市的七座桥）。但对于运用数学设计建造石拱桥、石坝、石堰的史记，就只有秦九韶的"计造石坝"和"计浚河渠"。

宋理宗绍定二年（1229 年），成都府路、潼川府路大旱，尤其潼川府路十年九旱的深丘与山区结合地带，当年大旱后，潼川府组织农民大修石坝、石堰，秦九韶在郪县积极运用数学帮助、指导农民建造黑桃坝等石坝、石堰。

宋理宗绍定四年（1231 年）六月，郪（qī）江沿岸暴雨成灾，河水泛滥，庄稼被淹没，田土被冲毁，边界不清，引发了许多民间纠纷。一天，秦九韶在郪江镇外的核桃坝，遇见两位农夫争吵激烈，相互推搡，正要打起来，秦九韶上前劝阻。原来，姓郭和姓柳的农夫是因重新划定被洪水冲毁的田土边界互不认同而发生争执。

秦九韶细心地倾听他们各自诉说洪灾前田块的形状、大小，他们都说各自的田原来像三角形，姓柳的农夫还说他的田比姓郭的要大点，姓郭的农夫又说他的田也小不了多少。秦九韶细心地观察了两人被洪水夷为平地的田块，接着走进被冲毁的田块里步量，很快步出了残大、小斜、元中斜等数据，然后对两个农夫说：你们不要再争执了，我过两天来帮助你们划定边界。两位农夫把秦九韶打量了一番，见他如此热心和诚恳，也就同意了。

没过几天，秦九韶去到郭姓和柳姓发生争执的田块，没用多大工夫，就给他们划分和重新确定了边界，郭姓和柳姓农夫看了以后，对秦九韶帮他们划分出的边界比较认可，也就按照秦九韶确定的边界定了界桩。两位农夫十分感激，问起秦九韶的尊姓大名，秦九韶就说："我比你们小一点，你们就叫我兄弟吧！"姓柳的农夫对这位和蔼可亲的"兄弟"很有好感，就尾随秦九韶其后，谁知秦九韶却进了县衙，他就走过去问门卒："刚才进县衙的是何人？"门卒感到有些蹊跷，就把他带进县衙审问。姓柳的农夫告诉门卒："刚才进县衙的人，帮我们划分了被洪水冲毁的边界，我们非常感激，问他的尊姓大名，他不愿意告诉我们。"门卒听了姓柳农夫的话，就告诉他："那是秦县尉。"

姓柳的农夫知道是秦县尉帮他们划分边界，逢人便说，没多久，秦九韶帮助农民划分边界的事情就在郪县传开了，好些农民纷纷去找秦九韶，要他帮助他们划分和解决被洪水冲毁田地的边界，秦九韶就热心地教他们一些简单、易学、适用的计算田地面积的方法，让大家自己解决了边界划分中的问题。后来，乡里、县里的人们十分敬佩这位有才华的朝廷年轻官员。从此，秦县尉巧断农夫边界案的事便在郪县传为佳话。

二十多年之后，郪县县学的一位老先生见到了秦九韶《数书九章》的"漂田推积"题解，他说秦县尉巧断农夫边界案故事中，姓柳和姓郭两位农夫被水毁的两块三角形田，实际上就是两块三斜田合在一块，而被同时冲去一隅，变成四不等直田之状的"漂田推积"题型，当年秦九韶就是按照残大、小斜、元中斜等各种数据，算出了他们田地的面积，划出了两位农夫较为认可的边界。

中国历来以农立国，雨雪多少直接影响到农作物的丰欠，南宋朝廷也规定测定雨雪量是当时各州县的重要任务，但当时流行的测算雨量、雪量的方法是错误的，因而出现"积以器移"的怪现象，量雨器、量雪器发挥不了应有的作用。南宋宝庆至绍定年间，秦九韶在郪县当义兵首、县尉，潼川府、郪县地处深丘与山区，民间百姓更是需要正确观测气象，测量雨雪，同时，秦九韶还参加了高稼提出以沔州为主战场的"蜀以三关为门户，五州为藩篱"反击元兵边面保卫战，山区气象变幻莫测，屯兵戌边，行军打仗，需要正确观测气象，测量雨雪，秦九韶作为县尉，自然运用数学去研究计算降雨量和降雪量的正确方法，提供给农民和军队。

宋理宗端平年间，秦九韶受李刘荐去临安从事校正秘阁图书的工作，离开四川之后的地方，很少有雨雪同时兼行，因此，后来《数书九章》中的"天池测雨"、"圆罂测雨"、"峻积验雪"、"竹器验雪"计题，应该是秦九韶在军旅生涯和鄞县社会实践中的数学研究结晶。尤其是秦九韶"其'天池测雨'问中的天池盆开创了世界文化史上现存最早记录，比西欧（1639 年）要早近四百年"。淳佑十年（1250 年），宋理宗下诏在南宋州郡使用"天池盆"、"圆罂"、"竹蘿"等雨量器、雪量器观测和计算雨雪量，应该是秦九韶的《数书九章》成书稿献于朝廷受到了宋理宗推崇和肯定。

守孝三年完成世界数学巨著《数学九章》

1244 年，秦九韶任建康府（南京）通判期间，因母丧离任，回浙江湖州守孝三年。正是在湖州守孝期间，秦九韶专心研究数学，在 1247 年，终于完成了二十多万字的巨著《数学九章》，名声大振。《数书九章》，南宋时称为《数学大略》或《数术大略》，明朝时又称为《数学九章》，是中国古代数学专著，是算经十书中最重要的一种。

《数学九章》题材广泛，取自宋代社会各方面，包括农业、天文、水利、城市布局、建筑工程、测量、赋税、兵器、军旅等方面，是一部实用数学大全。

秦九韶在书中论述了数学在计算日月五星位置、改革历法、测量雨雪、度量田域、测高求远、军事部署、财政管理、建筑工程以及商业贸易等中的巨大作用，认为不进行计算会造成"财蠹力伤"的后果，而计算不准确，"差之毫厘，谬乃千百"，于私于公都没有好处。因此他注意搜求生产、生活、交换以及战争中的数学问题。

秦九韶在《数学九章》系文中说：历法用久了都会出现误差，聪明人能够改革创新，如果不去探寻自然界的变化规律，只会模仿和因袭，又有什么益处呢？他认为科学创作不能像匠人般的依样画瓢，也非寻章摘句式的编撰，而要根据自己的知识去创造。秦九韶的《数学九章》从形式到内容乃至结构都是最早最优秀的，该书是在我国秦汉数学高峰时的数学巨著《九章算术》的继承发展的基础上改革创新的成果。秦九韶吸收了《九章算术》的优点，《数书九章》采用"合类"、"通类"、"推类"等思想方法，采取问题集的方式，大多由"问曰"、"答曰"、"术曰"、"草曰"四部分组成："问曰"，是从实际生活中提出问题；"答曰"，给出答案；"术曰"，阐述解题原理与步骤；"草曰"，给出详细的解题过程。该书中许多计算方法和经验常数直到现在仍有很高的参考价值和实践意义，被誉为"算中宝典"。

秦九韶把《数学九章》分九卷（类），每类九个问题，这样，《数书九章》就一共收录了八十一个问题。九类主要包括：大衍类：一次同余式组解法；天时类：历法计算、降水量；田域类：土地面积；测望类：勾股、重差；赋役类：均输、税收；钱谷类：粮谷转运、仓窖容积；营建类：建筑、施工；军族类：营盘布置、军需供应；市物类：交易、利息等。他还加上了用图式给出了"草"，即演算过程，必要时还附上了直观图形。更独特的是全书 81 个问题题名和各章系文均用四言诗句写成，这些都是过去古算书所没有的，无疑是对《九章算术》的发展。

秦九韶改革创新举措增强了该书的可读性，《数学九章》可谓数学思想方法跃进的里程碑，绽放出秦九韶数学思想的光辉，形成了自己的特色：

第一、开放的归纳体系，"开放"指数学问题与当时社会生产、生活的紧密联系；"归纳体系"指数学表达体系是由个别到一般的归纳方式推导而成；

第二、算法化、抽象化数值化，《数学九章》题中的"术"是具体算法化，带着普遍性和抽象的规律；"答"是把"问"中数据化进行计算；

第三、传统思想，秦九韶的著作与古算一样，在体系、内容、方法等方面具有趋同性，采用"应用题"或"管理数学"的形式或模式表达。

在《数学九章》中，秦九韶还创造了"大衍求一术"。这不仅在当时处于世界领先地位，在近代数学和现代电子计算设计中，也起到了重要作用，被称为"中国剩余定理"。"大衍总数术"给出了孙子定理的一般表述。大约在四五世纪成书的《孙子算经》里有所谓的"物不知数"问题。即"今有物不知其数，三三数之剩二，五五数之剩三，七七数之剩二，问物几何"，"答曰二十三"。换句话说，孙子只是给出了一个特殊例子。而在江苏淮安的民间传说里，这个故事可溯源到前二三世纪西汉名将韩信点兵的故事。

汉军苦战一场，楚军不敌，败退回营，汉军也死伤四五百人，于是韩信整顿兵马也返回大本营。当行至一山坡，忽有后军来报，说有楚军骑兵追来。只见远方尘土飞扬，杀声震天。汉军本来已十分疲惫，这时队伍大哗。韩信兵马到坡顶，见来敌不足五百骑，便急速点兵迎敌。他命令士兵三人一排，结果多出二名；接着命令士兵五人一排，结果多出三名；他又命令士兵七人一排,结果又多出二名。韩信马上向将士们宣布:我军有一千零七十三名勇士,敌人不足五百,我们居高临下,以众击寡,一定能打败敌人。汉军本来就信服自己的统帅,这一来更相信韩信是"神仙下凡"、"神机妙算"。于是士气大振。一时间旌旗摇动,鼓声喧天,汉军步步进逼,楚军乱作一团。交战不久,楚军大败而逃。

秦九韶所发明的"大衍求一术",即现代数论中一次同余式组解法,是中世纪世界数学的最高成就,比西方1801年著名数学家高斯建立的同余理论早554年,被西方称为"中国剩余定理"。秦九韶不仅为中国赢得无尚荣誉,也为世界数学作出了杰出贡献。

这不仅在当时处于领先地位,在近代数学和现代电子计算设计中,也起到重要的作用,他所论的"正负开方术"(数学高次方程根法),被称为"秦九韶程序"。现在世界各国从小学、中学、大学的数学课程,几乎都接触到他的定理、定律、解题原则。秦九韶在数学方面的成果,比英国数学家取得的成果要早八百多年。

秦九韶还创用了"三斜求积术"等,给出了已知三角形三边求三角形面积公式,与海伦公式完全一致。秦九韶还给出一些经验常数,如筑土问题中的"坚三穿四壤五,粟率五十,墙法半之"等,即使对现在仍有现实意义。秦九韶还在十八卷七十七问"推计互易"中给出了配分比例和连锁比例的混合命题的巧妙且一般的运算方法,至今仍有意义。

由于秦九韶在数学方面的杰出贡献,再加上他在天文历法方面的丰富知识和成就,受到了宋理宗赵昀召见。秦九韶在宋理宗面前，详细地阐述自己的见解，并呈奏稿和"数学大略"（即《数学九章》）给理宗，宋理宗看后大加赞赏。至此，秦九韶成为了第一个受皇帝召见的中国数学家。

当秦九韶把《数书九章》推荐给南宋朝廷后，他希望得到重视和推广。可是，由于皇帝昏庸无能，官场勾心斗角，他的著作得不重视。最终，秦九韶抑郁成疾，于宋景定二年病逝梅州，终年五十九岁。

《数学九章》——划时代的巨著

中国古代是封建制度的国家，实行君主制度，知识分子帮助君主统治臣民、管理国家，在这样的政治经济、科学文化的环境下，中国古代数学多半以"管理数学"的形式出现，目的是为了丈量田亩，建筑施工，兴修水利，分配劳力，计算税收，运输粮食等国家的管理实用目标。

我国南宋属农业为主的社会，农民占绝大部分，关于农民的耕地、赋税、吃饭和住房等民生问题，都是秦九韶所关心的。他体察民间疾苦，反对政府和豪强的横征暴敛，主张施仁政，秦九韶恪守传统道德的恕道，将自心比人心，认为下层受欺压、盘剥的民众需要仁政，就像自己溺水需要救援，自己饥饿需要吃东西一样紧迫。正因为这样，他提出了许多富民的治国主张。比如他在《数学九章》中为解决农民民生问题为例作出的分析：

其一、圩田开垦耕地。北宋灭亡，中原地区一些人陆续迁移到南宋控制的江南数省，而南宋领土只有北宋的三分之一。人口的增加使南宋原有可耕种的土地面积的承载能力面临极大的压力，增加耕地面积的管理工程，也被忧国忧民的秦九韶关注到。他指出：百姓虽小也应当放在首位，准确计算农民的耕地面积，像西周推行井田制那样，使耕者有其田，使老弱妇孺的生活有保障，才是施仁政之所在。那么怎样才能扩大耕地面积呢？秦九韶认为圩田（指沿着江、河、湖泊周边低洼易涝的地区筑堤围出的农田）是土地开发、安置增加人口的一个重要举措。随着人口的繁衍，开垦的土地也一天天增多，这就需要量度田亩、整治赋税，掌握有土地户籍和地图，至关重要的是精确进行测算和统计，这样于国于民都有利。在《数学九章》中涉及圩田开垦土地的题目不少，有的是沿海增地或沿湖淤积的湖田，有的是江畔海边的圩田和梯田。

其二、减免赋税。秦九韶从多方面关心民生，他主张合理赋税与徭役，他认为，国家规定征收的赋税，是用来兴办民间事务的，天下赋税收入应该取之有度。他特别提出减免农民税租，因为当时的南宋，租金过高或因天灾等原因，老百姓拖欠官府的租税太多。秦九韶提出州郡当宽大体恤，实现减租免税。

其三、赈济缺粮户。由于各种原因出现了缺粮户，政府应当动员劝说有粮大户平价卖粮给这些缺粮户，并保障市场粮食供应。如他在赋役类有道题说的就是官府动员存粮大户卖以赈济缺粮户，卖粮数额依其物力和田亩多少来确定，将一百六十二户分为九等，首户卖粮五百担，第九等大户卖粮二百石，各个等级所卖粮食数额呈等差数列，这就是秦九韶设置的数学问题和算法。

其四、居者有其房。秦九韶除关心农民土地、吃饭问题外，还关心"居者有其房"。他提出国家在营建城池时要精心设计，降低成本，使人人有住房。他认为，一座座城池，一幢幢房屋，是百姓生存的居所，只有"居者有其屋"才能保存性命和聚居，对于无房租住者，必须减租金。

《数书九章》中记录了秦九韶的许多创造性成就，如第一次用小数表示无理根的近似值；首创用连环求等，借以求几个数的最小公倍数；总结出大衍求一术，使一次同余式组的解法规格化、程序化，比西方要早五百年；创正负开方术，可利用它对任意次方程的有理根和无理根来求解。

《数书九章》继承和发展了《九章算术》精神，概括了宋元时期我国传统数学的主要成就，是我国古代数学发展高峰的标志。秦九韶首创的大衍求一术和正负开方术曾长期影响着我国数学的研究方向，秦九韶的数学成就也代表了中世纪世界数学发展的主流和最高水平，在世界数学史上占有崇高的地位。它是一本综合性的历史著作，是当时世界上最先进的应用数学，它的出现标志中国古代数学形成了完整的体系。

中国剩余定理堪称数学史上名垂百世的成就，它在数学史上占有光辉的一页，其数学思想一直启发和指引着历代数学家们，在数学领域，特别是计算机领域发挥着重要作用。

《数书九章》问世后，当时流传不广，明《永乐大典》抄录此书，称为《数学九章》。清四库馆本《数学九章》转录自《永乐大典》，并加校订。后李锐又略加校注。明万历年间赵琦美有另一抄本《数书九章》。清沈钦裴、宋景昌以赵本为主，参考各家校本，重加校订，1842 年收入上海郁松年所刻《宜稼堂丛书》。此后，又有《古今算学丛书》本，商务印书馆《丛书集成》本均据此翻印，成为最流行的版本。

1819 年 7 月 1 日，英国人霍纳在皇家学会宣读了一篇数学论文，文中提出了一种解任意高次方程的巧妙方法。由于这一方法有其独创之处，对数学科学有很大的推进作用，所以很快引起了英国数学界的轰动，他们以霍纳的名字命名这一方法，叫做"霍纳方法"。但一场喋喋不休的争论就这样在英、意两国数学界展开了。

有一次，英、意双方聚在一起进行面对面的争论，誓要分个谁是谁非。双方各呈证据，各摆理由，可是谁也说服不了谁。正巧，有个阿拉伯人前往欧洲，听说这件事后，赶到辩论场去看热闹。他听了双方的争论大笑起来。争论双方听到他发笑，便停下争论问他为何发笑。

阿拉伯人不慌不忙地从包里掏出一本书，书名叫《数书九章》，作者是中国的秦九韶。他将书递与争论双方："你们都不要争了，依我看来，这个方法应该称作'秦九韶算法'。"英、意双方将书拿来一看，这才知道早在五百七十多年前，就有个叫做秦九韶的中国人就发明了这种方法。

到目前为止，此书已为国内外科学史界公认的一部世界数学名著，它不仅代表着当时中国数学的先进水平，也标志着中世纪世界数学的最高水平。我国数学史家梁宗巨评价道："秦九韶的《数书九章》是一部划时代的巨著，它的内容丰富，精湛绝伦。特别是大衍求一术及高次代数方程的数值解法，在世界数学史上占有崇高的地位。那时欧洲漫长的黑夜犹未结束，中国人的创造却像旭日一般在东方发出万丈光芒。"

秦九韶的哲学思想

秦九韶曾是宋代道学的忠实信徒，道学思想对秦九韶极其所著《数学九章》有积极的影响作用，主要表现在关于数与道统一的思想；关于数学与人类社会的关系；关于探究数学算理的思想等方面。

宋代统治者对道学情有独钟，宋真宗时还加封老子为"太上老君"，宋徽宗时把《老子》列为太学以及各地方学校的课本上都必须专门讲授《老子》，就在统治者大力推崇《老子》的同时，《老子》的一些思想也渗透到理学之中。

秦九韶幼时就对道学感兴趣，其父在对他的教育方面也是循循善诱，顺其自然，任其发展，既不压抑特长，也不赶鸭子上架。而秦九韶的师傅魏了翁，师承了朱熹学派的理学思想，后又受陆九渊学说影响，自成一家。这些都让秦九韶受益匪浅。

后来，秦九韶受教于"隐君子"陈元靓，陈元靓是博学多才的学者，秦九韶在对中国传统数学有深入研究的陈元靓的指导和帮助下，潜心研读了许多古算书，特别是《九章算术》，这一点从其《数学九章》中留下了《九章算术》深深的足迹和影子很容易看出。

另外，秦九韶也推崇宋初的道人陈抟，陈抟以传统的道家思想为核心，参考儒家学说，奠定了宋代更深的基础，是理学的先驱。秦九韶对陈抟的道学思想主张有很高的评价，他还曾向对两宋理学有很深研究的陈振孙推介陈抟的身世、宗教思想等。

正是这诸多道学之士的耳濡目染、言传身教，以及当时社会思潮与思想方法的影响，使秦九韶成为了两宋道学的忠实信徒，并将道学的思想方法直接渗透到了他的数学成果之中。

《数学九章》在开篇的序言之初，秦九韶就指出：道是宇宙的本原，贯穿于一切事物之中。而"数"就是"道"，二者是完全统一的。因此，数和易道、天道、地道、人道是紧密相连的，因为数本身就体现了道。例如田亩人口征收赋役、营建、军旅、市场贸易等这些关系到千家万户的生计和利益的事情，都要参照《数学九章》中介绍的不同的数学方法，他明确指出"数与道非二本也"，再加上数学实践的切身体会，使他对于数学的重要性产生了较为清楚的认识。秦九韶高度评价数学的作用，反对轻贱数学的世俗看法。

总之，他认为，易道、天道、地道、人道所有这些在道洪畴中的因素都离不开科学，很好的认识自然、把握规律、发展经济、推动生产和生活的本身又体现了道。

道学家主张的"格物致知"、"即物穷理"的思想方法在秦九韶所著的《数学九章》中也有很好的体现。所谓"格物致知"与"即物穷理"，是指在接触和研究具体事物的过程中去发现其中的规律与本质。

在秦九韶看来，中国古代数学存在一个大弊病，那就是虽然能够解决一些具体的甚至很深奥的算题，但往往只知其表面而不知其所以解。例如"大衍术"就是这样。虽然被历代数学家所用，但却不知道其规律和定法。事实上，正是由于秦九韶给出了一次同余式的一般解法，才使这一方面的研究达到了"中国剩余定理"的高度，为中国古代数学的发展增添了新的内容。

古今中外，许多人为文做事，尤其是在"神明"、"性命"这类问题上，常常不懂装懂，自欺欺人。秦九韶与此相反，他坦诚自己在数学的学识浅薄，因此他十分重视和注意搜求天文历法、生产、生活、商业贸易以及军事活动中的数学问题，尽力满足社会实践的需要，并告诫人们要学好数学，精于计算，以避免由于计算错误而引起的种种不良后果。在中国古代大数学家中，只有秦九韶在对数学的作用的认识上如此坦率，反映了他具有不慕虚荣、实事求是，"知之为知之，不知为不知"的科学精神。

毁誉参半的后世评价

集中国古代数学之大成的宏篇巨著《数书九章》，超越时代的"大衍求一术"（中国剩余定理），比肩希腊的"三斜求积术"，精巧严密的高次方程数值解法，以及完美契合现代算法原则的"秦九韶算法"——他几乎可以称得上是中国古代数学史上前无古人后无来者的千古奇才。我们不愿以把他比作"东方阿基米德"，因为阿基米德可以完全有理由被我们称为"希腊的秦九韶"。他的数学著作基本被学界公认为"中世纪最伟大的著作"，更不用说他对于星象、音律、算术、诗词、弓剑、营造之学的精深钻研（最为难能可贵的是这些是来自他的批判者的评价）以及从政经历。"他是那个民族，那个时代，并且确实也是所有时代最伟大的数学家之一。"美国著名科学史家萨顿对于中国南宋数学家秦九韶的评价毫不吝惜溢美之词。清代著名数学家陆心源称赞说："秦九韶能于举世不谈算法之时，讲求绝学，不可谓非豪杰之士。"德国著名数学史家康托尔高度评价了大衍求一术，他称赞发现这一算法的中国数学家是"最幸运的天才"。我国数学史家梁宗臣评价道："秦九韶的《数学九章》是一部划时代的巨著，内容丰富。精湛绝伦。特别是大衍求一术（不定方程的中国独特解法）及高次代数方程的数值解法，在世界数学史上占有崇高的地位。"

华东师范大学周瀚光评述秦九韶:"坚持不懈的求道精神,反对模袭的创新精神,实事求是的治学精神。"

然而,这样一位中国历史上少有的天才,却被冷落在那一个个光辉灿烂的以他命名的定理公式之后,特别是关于他数学成就之外的一切,成为了讳莫如深的话题,似乎都被刻意地遗忘。

杭州市西湖区西溪路(浙江大学西溪校区与玉泉校区之间,靠近西溪校区)有一座石桥,叫道古桥。始建于南宋嘉熙年间(1237—1241年),初名西溪桥。南宋咸淳初年《临安志》有载:"西溪桥,本府试院东,宋代嘉熙年间道古建造。"这个造桥的道古不是别人,正是南宋大数学家秦九韶,道古是他的字。1219年调任首都临安(杭州),全家住在西溪河畔。

原来,刚好在秦九韶出生前一年,临安发生了一场著名的大火,烧了三天三夜,烧掉太庙、三省、六部、御史台等,受灾居民达三万五千多家,部分朝廷命官及家眷便迁居当时属于郊外的西溪河畔,秦家来临安后也住那里。秦九韶自幼聪颖好学,兴趣广泛,他的父亲一度出任秘书少监,掌管图书,其下属机构设有太史局,这使他有机会博览群书,学习天文历法、土木工程和数学、诗词等。他在故乡曾为义兵首领,有着领兵打仗的才能。1231年考中进士,先后在湖北、安徽、江苏、广东等地为官。1238年,秦九韶回临安丁父忧(为父奔丧),见河上无桥,两岸人民往来很不便,便亲自设计,再通过朋友从府库得到银两资助,在西溪河上造了这座桥。桥建好后,原本没有名字,因桥建在西溪河上,习惯上被叫作"西溪桥"。直到元代初年,另一位大数学家、游历四方的北方人朱世杰(1249—1314)来到杭州,才倡议将"西溪桥"更名"道古桥",以纪念造桥人、他所敬仰的前辈数学家秦九韶,并亲自将桥名书镌桥头。

秦九韶造桥的故事,堪与英国数学家牛顿造桥的故事媲美。现今剑桥大学的皇后学院内,流经的剑河上有一座桥叫数学桥,只因传说原桥设计师是十七世纪的数学家牛顿。据称牛顿造桥时没用到一根钉子,后来有好事者悄悄把桥拆下来,发现真是这样,却再也无法安装回去,只好在原址重新造了一座桥,至今仍是一处名胜,可以说是到访剑桥旅客的必游之地。

可是,在史料的记载中,却又并存着秦九韶的另一面:行为乖戾,出人意表。被他的同时代人认为是"不孝、不义、不仁、不廉"。他平日横行乡里,为非作歹,是当地有名的恶霸,因此多次被罢去官职。据说,上司的父亲过生日宴,秦九韶竟然带着一个妓女出席,引来众人的非议。还有,他将上司的田产利用非法手段据为己有,这些田产后来他就用来建造他的豪华府第,那些造型奇特的房屋,也都是由他亲自设计的。

他的儿子一次无意间冲撞了秦九韶,从此以后,秦九韶就对儿子恨之入骨。想方设法地要除掉儿子,以解心头之恨。于是,他悄悄派一个手下去杀死自己的儿子,还亲自设计了毒死、用剑自裁、溺死三种方案;可是,手下不忍心杀死一个年轻的生命,就偷偷放掉了他的儿子。当秦九韶得知这件事后,他大发雷霆,随即贴出告示,巨额悬赏,满世界地追杀儿子和这名手下。一时间,惹得百姓纷纷咒骂他。

有一年夏天的夜晚,秦九韶和一个他所宠爱的姬妾在庭院中交欢。没想到被一个仆役无意间撞见,仆役吓得转身就跑,可是他认为那仆役是在有意窥探他的隐私,就诬告该仆役偷盗,并将其扭送官府，要求判仆役流放。地方官认为该仆役罪不至此，就没有按照秦九韶的要求判决，秦九韶为此对这个地方官怀恨在心，就企图将他毒死。当时的记载说秦九韶家中藏有大量的毒药，如果某个人阻碍了他，他就会想方设法地设计毒死他。

又据与他同时代的南宋词人刘克庄记载，秦九韶在琼州为官时，到郡仅百日的时间，郡人无不厌其贪暴，作歌诅咒他赶快离开此地。周密也说秦九韶至郡数月，罢归，所携甚富。

从这个角度说，如果将他和意大利文艺复兴时期的那些风云人物相比，竟有几分相似：多才多艺，无所不通，又利欲熏心，骄奢淫逸。倘若记载属实，按照今天的标准，秦九韶简直算得上是人格分裂的冷血杀手。

可是，纵观秦九韶在学术上的成就，我们又发现，秦九韶从四川郪县涉足数学研究与实践，长期的实践中运用数学测量雨雪，观测气象。四川不仅是秦九韶《数书九章》营建、军旅数学研究成果的策源地，也是他军事思想形成的始谋实践地。

南宋时期的四川，无论是宋蒙联合抗金，还是后来的宋蒙之战，都是南宋抗御外来入侵的主战场之一。金人、元兵无一不是从四川北边门户秦凤路、利州路入侵。宝庆至绍定年间，秦九韶在郪县当义兵首、县尉，参加反击元兵边面保卫战，就是他涉足军事及军旅数学的实践始原之地的宏大战场和残酷战争的实录。《数书九章》中"计立方营"、"方变锐陈"、"计布圆阵"、"望之敌众"、"先计军程"、"军器功程"、"计造军衣"等军旅数学，无疑是秦九韶对战场中"择要塞，建兵营，屯兵戎，探敌情、储粮草、备军需"等军事活动的研究结晶。无疑，川北门户这片血雨腥风的沃土，也是秦九韶军事思想形成的初始。

《数书九章》中体现的军旅数学也反映了他在主张抗金抗蒙期间在研究、运用军旅数学而抗击来犯者和投降派，激怒了投降派，而招来了打击、迫害和诬陷。秦九韶的青年到晚年，正处在宋理宗在位的朝廷腐败、宦官专权时代。赵昀先后重用权臣史弥远、董宋臣、丁大全、贾似道等人，尤其是史弥远和贾似道的两度专权，内乱朝纲，打击排挤魏了翁、董槐、许奕、真德秀、吴潜等一批忠臣良相；外向金、蒙妥协求和，苟且偷生，致使宋朝逐步走向衰亡。步入青年的秦九韶，结识了魏了翁、真德秀、许奕、吴潜、高定子、高斯得、姚希得、叶适、李心传、李梅亭、陈元靓等一批忠臣良相和学者，站在抗金抗蒙主张抗战方，把自己研究的天时、军旅数学用于军事，而卷入了南宋的政治集团斗争，使之受到投降派的攻击、诽谤。

这似乎是就是天才的宿命，最正统的教科书若是写到这里，或许便会写到时代的、阶级的局限造成了人物悲剧，不过人物客观的历史功绩不容抹杀云云——沉迷于神学研究的牛顿、发动了毒气战争的哈伯就是这样的例子；更加开放一些的著作或许会从心理学社会学角度站在人性的立场分析秦九韶种种行为动机，并为不完美的天才感到惋惜；当然或许也会有新潮的著作欣赏天才的特立独行，体会天才不为人知的寂寞，乃至为他翻案鸣不平。

而解密这位天才我们需要做的只是推翻之前设立的前提即一切关于秦九韶的记载都是真实客观的。一个具有讽刺意味的现实在于秦九韶在官修《宋史》中未见其传，权威的史料中关于他的记载寥寥，甚至他的生卒年份都是争论的话题。我们提到的所有关于秦九韶在数学之外的事实都是来自与他同时的周密《癸辛杂识续集》和著名词人刘克庄文集中的《缴秦九韶知临江军奏状》。在我们看来，文学家和数学家几乎井水不犯河水，倘若文学家对数学家有如此猛烈的抨击，往往便是出于文学家"强烈的社会责任感"了。

必须指出的是，由于秦九韶的学术成就未被同代人认识，加上一些负面的传闻和描述，称其贪赃枉法、生活无度，甚至犯有人命、贪腐等罪，他在晚年后世成了一个有争议的人物。所有宋史和地方志都未为秦九韶列传，他的名字和桥名时隐时现，后裔也下落不明。

秦九韶纪念馆

为纪念这位伟大的数学家，人们修建了秦九韶纪念馆，中科院院长路甬祥亲自题词，四川师范大学确定秦九韶纪念馆为"秦九韶数学史教育研究基地"。

秦九韶纪念馆座落在安岳县城南郊一公里的云居山腰，紧邻旅游景点圆觉洞。占地面积六千五百多平方米，建筑面积一千五百多平方米，为仿宋古建筑，整个建筑典雅别致。秦九韶纪念馆的正殿，正中的汉白玉雕像就是秦九韶。左右分别立有一匾，右匾记载了秦九韶的生平，左匾是秦九韶籍贯考证者邵其昌同志撰写的题记。

该馆于 1998 年 9 月 9 日修建，2000 年 12 月 1 日正式开馆。2000 年 12 月 4 日，在秦九韶纪念馆举行了落成典礼暨秦九韶《数书九章》学术研讨会。中科院院士、北京天文台名誉台长、原北京天文台台长王绶琯、中科院院士、四川大学校长刘应明、内蒙古大学教授李迪、中国数学学术研究会副理事长郭书春、中国科技馆馆长王渝生、美国博士 Johnson、中国科学史学会副理事长陈久金、陕西天文台研究员刘次沅、四川师大原副校长杜心华、四川省社会科学院研究员查有梁等专家、教授、学者和资阳市、内江市、安岳县领导出席了会议。中国科学技术馆、中国数学史学会、中国科学技术史学会、中国科学院数学研究所、中国科学院自然科学史研究所赠送了匾牌。

2002 年省委宣传部、省科技厅和省科协发文公布秦九韶纪念馆为"四川省科普教育基地"。2002 年 6 月 28 日,四川师范大学决定把秦九韶纪念馆作为四川师范大学秦九韶数学史教育研究基地。2007 年 1 月,市委、市政府命名秦九韶纪念馆为市级爱国主义教育基地。

纪念馆自开馆以来,本着弘扬爱国主义精神、继承民族传统美德的目的,对青少年参观实行免票政策,每年前来参观的青少年学生和外地游客络绎不绝。

参考文献

[1] 谢鸿光. 中国古代科学家的故事 [M]. 北京：中国统计出版社，2001.

[2] 徐志春. 中国科学家传略辞典 [M]. 北京：中国科学家辞典编委会，1980.

[3] 顾迈男. 当代中国科学家 [M]. 北京：中国福利会出版社，2009.

[4] 李君，李河川. 中国科学家的故事 [M]. 成都：天地出版社，2008.

[5] 汪前进. 中国古代 100 位科学家故事 [M]. 北京：人民教育出版社，2003.

[6] 史瑞铨，屠一鸣. 中国科学家的故事 [M]. 天津：百花文艺出版社，2012.

[7] 程婧波，胡叶. 中国科学家的故事 [M]. 合肥：安徽教育出版社，2002.

[8] 叶永烈. 中国著名科学家的故事 [M]. 长沙：湖南人民出版社，2011.

[9] 蔡仁坚. 古代中国的科学家 [M]. 北京：九州出版社，1976.